憲法と京都

京都の15人が、憲法を語り行動する

西郷南海子
水谷麻里子
キャロライン
中村あゆ美
藤原　辰史
永田　和宏
虫賀　宗博
町田　寿二
金杉　美和
村上　敏明
鈴木　君代
川口真由美
港　健二郎
蒔田　直子
本田久美子
×
中村　純／編著

かもがわ出版

京都に流れる憲法水脈

編著者　中村　純

２０１２年、私は3歳の息子を連れて、パートナーの故郷、京都にやってきました。東京に生まれ、学校を出て働き、子育てをし、その暮らしはそれからも続くものと思っていました。

２０１１年3月11日、東日本大震災原発事故が起きました。東日本の親たちは、子どもたちの砂場や土壌から原発由来の放射能の出る日々に苦しみ、懸命に子どもを守ろうと行動しました。そんな折、母子で訪れた京都は、鴨川も大文字も美しく、「京都の砂場は遊んでいいの?」と3歳の息子が見上げた眼差しに、ここで暮らそうと思ったのです。引き換えに私は、職場や人間関係、生活基盤の仕事を喪いました。

時の内閣により、２０１３年特定秘密保護法、２０１４年集団的自衛権、２０１５年安全保障関連法が次々と強行に決定され、防衛予算が5兆円を越えました。自民党の改憲案では、９条の戦争放棄が「安全保障」に置き換えられ、国防軍の新設という項目があり、時代は、戦争への道を歩んでいるという危機があります。

京都府は、かつて「憲法を暮らしの中に生かそう」というスローガンを府庁に掲げ、『ポケット憲法』を１９７８年まで50万部も配布していました。京都府職員組合が、今の時局に『ポケット憲法』を再版して闘い始め、いのち軽んじる日本政府にもの申す京都の人々が、自らの人生と憲法を語り始めたのです。戦争の痛み、いのちや言葉を尊重する人間の尊厳と志と行動として、草の根ならぬ竹林のように深く、したたかに、誇り高く、京都には憲法水脈が流れていました。

この本は、私の編著ということを超えて、京都の憲法水脈に連なる方たちの個人史であり、本が産まれる時代性と意義を受け止め、本のちらしを活動ビラのように街頭で配布してくださる方たちの願いです。京都から全国、世界へ、非戦の日本国憲法の狼煙をあげます。日本国憲法が、平和の世界語となったとき、爆撃は止み、戦争と核のない世界に穏やかな風が吹き、すべての子どもたちが、未来に夢を抱ける世界が実現します。

「詩人はろうそくの灯のようなもの。静かに拡がっていく。自分の夢は誰かとつながっている。いつ辿り着くかわからない旅でも、あきらめてはいけない。」韓国の詩人がかけてくれた言葉です。

連載でお世話になりましたカタログハウス『通販生活』と、単行本の刊行に踏み切ってくださった、かもがわ出版の方たちに、深くお礼申し上げます。

2015年　12月

憲法と京都　京都の15人が、憲法を語り行動する

もくじ

京都に流れる憲法水脈……編著者　中村純　3

第一章　女性たちは世界を変える……7

西郷南海子　安保関連法に反対するママの会発起人／京都大学大学院博士課程……8

水谷麻里子キャロライン　米軍Xバンドレーダー基地反対京都連絡会……17

中村あゆ美　子どもたちへ宇治から平和を紡ぐ会……24

第二章　学問と平和と表現の自由のために……31

藤原辰史　自由と平和のための京大有志の会／京都大学教員……32

永田和宏　歌人／京都大学名誉教授／京都産業大学教授……41

虫賀宗博　論楽社／言葉の紡ぎびと……50

町田寿二　元・KBS京都ディレクター／京都三条ラジオカフェ理事……57

第三章　市民活動の現場から……65
金杉美和　弁護士／憲法カフェ講師……66
村上敏明　元・京都市役所職員／満州引き揚げの経験者……74
第四章　いのちを歌え……83
鈴木君代　真宗大谷派僧侶／シンガーソングライター……84
川口真由美　障がい者施設代表／シンガー……92
港健二郎　映画監督／脚本家……100
第五章　言葉と教育　憲法水脈……111
蒔田直子　同志社大学寮・寮母……112
本田久美子　元・京都市公立小学校教員／京都教育センター事務局長……123
あとがきにかえて　戦争をしないと決めた国のこどもたちに　中村純……135

第一章

女性たちは世界を変える

西郷南海子《みなこ》

安保関連法に反対するママの会発起人／京都大学大学院博士課程

「だれの子どももころさせない」

国境を超えて一人ひとりつながる言葉に――

普段は京都大学大学院でアメリカの哲学者・教育学者デューイの民主主義論を研究する西郷南海子さん。3人の子どもの母親でもある彼女が、「安保関連法案に反対するママの会」を立ち上げたのが2015年7月上旬。同月26日には東京・渋谷でデモを実行し、およそ2000人のママや子どもたちが集いました。賛同人は1万8270名（2015年8月17日現在）。会を発起した思いと経緯、活動の原点をうかがいます。（法案成立後、会は「安保関連法に反対するママの会」に改名、2015年11月25日現在、2万3226名の賛同メッセージが寄せられています。）

「戦争は政府が起こす」と知った、小学生時代

中村　西郷さんと憲法との出会いをお話いただけますか？

西郷　鎌倉の小学5年生のとき、歴史に関心を持ち戦争の写真をずっと眺めていたころがありました。原爆爆心地の写真や沖縄のガマの写真などを見て、なぜ人間にこのようなことができ

てしまうのか、人がモノのようになってしまうことにショックを受けました。父がこのころ、手塚治虫の『アドルフに告ぐ』をくれました。戦争に反対する人たちが特高に追い掛け回され散り散りになる。そのとき自分がそこにいたら、戦争を止めることができたのだろうかと考えました。6年生になると、担任の先生が日本国憲法の前文を4つに区切って暗唱させる授業をしてくれました。

憲法前文の「政府の行為によつて再び戦争の惨禍が起ることのないやうにすることを決意し」という部分で、戦争は政府が起こすということを知りました。「われらは、平和を維持し、専制と隷従、圧迫と偏狭を地上から永遠に除去しようと努めてゐる国際社会において、名誉ある地位を占めたいと思ふ」という部分にも感動しました。

中村　言葉は難しくとも、小学生にも伝わったのですね。先生の体験やお考えも一緒に受け取ったのでしょうか。

西郷　焼け野原の中で、こういうふうに誓ったという空気、言葉の香りも受け取っていたように思います。「歴史新聞」という壁新聞の授業があって、クラスでひとり私だけがはまって。学校が終わるとひとりで図書館にこもって本を調べて新聞を書くというのが、小学校6年生のころのライフワークでした（笑）。

歴史新聞を書いていたころの西郷さん（右）。小6・松江城

高校生のとき、学校で「国境なき医師団」の医師の講演会がありました。ショックで言葉が出なくなる紛争地帯の子どもの話を聴いて、精神科医になって紛争地帯に行こうと考えました。しかし親友に、あなたはひとりを助けるよりも全体を変えることができるのではと言われ、京都大学の法学部に進んだのです。

でも、法学部には自分の居場所はなかった。そのころイラク戦争が始まっていて、今死んでいく人がいるのに自分は何もできない。辺野古の基地の話を同級生にしても「じゃあ、お前官僚になれよ」と。今できることはないのかと思ったのです。それで教育学部に転学しました。

●コドモデモわかるコール

中村　私が西郷さんを最初に知ったのは2012年、お母さん仲間とバザーをして、「沖縄・球《く》美《み》の里」[1]に寄付をする活動をされていたころです。その後、京都で「コドモデモ」も立ち上げられた。どのような背景がありましたか。

西郷　部落差別のある地域の子どもたちに勉強を教える大学のサークルで、パートナーと出逢いました。現実に関わり活動しながら学んで考えていく。何が正しいのかということを突き詰めて考えていく彼に、救われたところがありました。

2012年、政権が自民党に戻るときに、家族で「コドモデモ」を立ち上げました。鴨川の京都三条河原で集合して、四条を30分歩いて鴨川の橋を渡って解散する。子どもでもわかる言葉で一緒にコールをあげる。今までの運動は大きな集会をして、人をたくさん集めてという形だったけれど、子連れには難しい。子連れでもぱっと集まって、ちゃんとアピールして、ぱっと解散するという発想の転換をしました。今年7月で13回目になり、毎回50名近く集まります。

中村 7月26日のママの会の渋谷デモも、子どもにわかるコールでしたね。

西郷 デューイの哲学は、「生活の中の言葉で語る」「民主主義は人間の関わりの中から産まれる」というものです。子どもも一緒に参加して作るデモは、子どもでもわかる生活の言葉で創り、一緒に民主主義をつかみとろうと思いました。

中村 生活の中から産みだしていく学問が、コドモデモにつながっているのですね。

「ママ、今日の夜戦争にならない？」

中村 「安保関連法案に反対するママの会」は、どのようなきっかけで生まれたのですか。

西郷 6月にママ友と持ち寄り夕飯会をしているときに、安保関連法案が強行採決される、という話になり、何かしようということになりました。そもそも強行採決での決定が決まっているありようが民主的ではない。学者や学生たちも活発に活動を始めたころでした。

母親は日々いのちの現場に向き合っています。放っておいたら、子どもが死んでしまうかもしれない、車にひかれるかも、何か口に入れるかもという、ママたちのいのちに対するリアリ

1 「沖縄・球美の里」は2012年7月、フォトジャーナリストで月刊誌「DAYS JAPAN」編集長だった広河隆一さんが中心となり、沖縄県の久米島に設立した原発事故後の福島の子どもたちのための保養施設。

せんそうさせない
こどもをまもる
せんそうさせない
おとなもまもる

ママはせんそうしないときめた
パパもせんそうしないときめた
みんなでせんそうしないときめた
70ねんかんきめてきた

せんそうのどうぐつくるのやめよう
せんそうのりゆうつくるのやめよう
だれのこどももころさせない

「安保関連法案に反対するママの会
渋谷ジャックでのデモコール」

2015年7月26日の渋谷デモ。とても暑い日でしたが、
デモ開始時刻になると波のように人々が集まってきました。

ティからまずは声をあげたかったのです。

中村　2011年の原発事故のときに、ママたちが声をあげたのも同じです。水が100ベクレル／kgで乳幼児の暫定基準値となって、母乳や子どもの尿からセシウムが出た。私は東京で2

歳の子どもを育てていました。ママたちは声をあげざるを得なかった。今、安保法制に反対するママたちが、いのちを思い、声をあげることは、実感としてよくわかります。

西郷　原発事故後にコドモデモを立ち上げたのも、子どもたちの食べ物が汚染されているかもしれないという、日々の生活の実感からでした。2015年6月ごろから、4歳の娘が電気を消すときに「ママ、今日の夜戦争にならない?」と聞くことが多くなりました。「大丈夫、ならないよ」と自信をもって言えないという動揺が、私の中にあります。中東にも、世界にも、今日そう思っている子どもがいるわけでしょう。娘の声は、その子たちの声でもある。その子どもたちのところに、日本が武器を持ってアメリカとともに乗り込んでいくというのは耐え難い。

中村　原発経済と戦争経済。日本の戦後と高度経済成長が、何の上に成り立ってきたかということを、福島原発事故以降よく考えています。戦争することによって、消費される武器や軍用機、あらゆる分野で産業が「振興」される。

西郷　一度そういう構造を作ってしまうと、原発からも軍需産業からも抜け出せない。だれかが死んでしまうことの上に自分の生活が成り立っているのは嫌です。その発想の中に「だれの子どももころさせない」というメッセージがあります。この言葉で、国境を超えて個人がつながれるのではないかと思うのです。自分の子どもが殺されてもいい、あるいは人を殺してもいい、と望む母親はほとんどいないと思います。今、「ママの会」のことを韓国の『ハンギョレ新聞』も報道してくれていて、韓国の人たちからも激励のメッセージが届いています。

中村　日本は朝鮮戦争で在朝・在日米軍から武器や物資を発注された朝鮮特需で戦後復興をしま

した。朝鮮半島は南北の分断で苦しみ、韓国には徴兵制もあります。納得のいかない思いの方たちも多いでしょうから、賛同する方も多いのでしょうね。

●自分の言葉で紡ぐ、あたらしい運動の形

西郷 SEALDs（自由と民主主義のための学生緊急行動）の学生さんが「国に自分を語らせるな。自分で自分を語れ」と国会前でスピーチしているのを聴いて、私は自分で自分を語れているのかなと思ったんです。

中村 それで、ママたちが自分の言葉を語り始めたのですね（笑）。

西郷 ミドルズやオールズ[2]の方たちも、語り始めましたね（笑）。一人ひとりが語りだすという面白い化学反応が、あらゆる世代で起きています。

中村 西郷さんは、「ママの会」の存在を、どのように考えていますか。

西郷 戦後は何だったのだろうということを、自分の言葉で考えて表明すること、語り合える場を創ること、自分がしたい生き方を引き寄せることのできる場です。私は発起人ですが、この運動は私の手を離れて、全国各地で非戦の取りくみとして拡がりはじめた草の根の活動です。何年かに一回選挙に行くだけでは、今の政局に太刀打ちができない。

中村 憲法12条にある「国民の不断の努力」ですね。押し付け憲法などと言うのなら、自分たちの言葉で中身を創っていきたいですね。

西郷 武器を持たず、丸腰でどうするのかという意見もあるけれど、「私はそれを選ぶ」という

生き方の宣言。非戦の日本国憲法9条は、他国の人々とともにあろうとする宣言だと思います。

中村　これまでの運動とは異なる風をママの会やSEALDsには感じますが、動いてみて実際どうでしたか。

西郷　記者会見やデモの様子が報道されたことで、ある程度は覚悟していましたが、誹謗中傷もたくさん受けました。天気のいいときに、子どもを海水浴やディズニーランドに連れていっても何も言われませんが、女性が政治的な意見を言いデモをすると、「虐待」「ヒステリー」と最大限の侮辱を受ける。女性が考えを持つ個人だという認識がなされていないので、自分の意見を言うとひどく叩かれる。

中村　自分より下に置きたい「女性」が声をあげることが脅威なので、感情的になって貶める人たちがいる。ウーマンリブ（女性解放運動）の先輩たちも同じように叩かれたけれど、女性が自分で考え、自己決定をする生き方をしてきた。その歴史があり、私たちがいます。詩人森崎和江さんの『無名通信』は、「社会がどうであれ、自分が女を信じるように生きれば社会のほうがかわるはずだ」と、無名の女たちが言葉を紡いで、社会の質を変えようとした試みです。かつての運動は、労働争議や安保という「より大きな」社会的イッシューのために、運動内部の暴力や力学に見ぬふりをしてきた。傷ついて離れた先輩女性たちが、自分たちで手紡ぎの表現や運動を始めたんです。渋谷デモの「ちいさい人に合わせて、50メートルでも100メートルでもいいから歩

2　「MIDDLEs」「OLDs」は、安保関連法に反対する中高年、高齢者世代のグループ。

いてください、無理をしないでください、ちいさい人の靴が脱げたら待ってあげてください」という声かけを、私はしっかり聴きました。デモが「虐待」なんてとんでもない。運動の大義のために、歩けない人や子どもや女性を蔑ろにしたら、「では、あなたはどんな質の生き方をしたかったのか、どんな社会を創りたかったのですか」ということが問われます。

西郷　運動の中の権威主義を乗り越えたい。「無名」のママが自分の言葉で参加する。デモクラシーは権威への懐疑を持つことのはずです。周縁と中心はなく、名乗ったらあなたが「ママの会」なのです。「だれの子どももころさせない」というところで一致したら、自分で企画し、自分で参加する、主催者は自分。あなた自身が実行する。人や権威に頼ったら自分で考えなくなってしまう。デモクラシーとファシズム、群衆がどっちに傾くかも紙一重。だから、一人ひとりでありたいのです。

水谷麻里子キャロライン

米軍Xバンドレーダー基地反対京都連絡会

私は戦争のある国を知っている。日本から、戦争放棄の理念を強く発信していきたい。

2014年、アメリカ軍は日本海に面した京都府京丹後市にある経《きょう》ケ《が》岬《みさき》通信所にミサイル防衛用の早期警戒レーダー「Xバンドレーダー」を搬入、配備しました。「日本の一番好きなところは、戦争を放棄しているところ」と言う水谷麻里子キャロラインさんは、この基地の反対運動をしています。イギリス人の父と日本人の母、スリランカ人の曽祖母を持つミックスルーツの水谷さんに話を聴きました。

京丹後にある米軍レーダー基地

中村　水谷さんは、「安保関連法案に反対するママの会」の渋谷デモに西郷南海子さんとともに参加されましたね。そのときに、京丹後の米軍レーダー基地についてお話をされていました。沖縄の基地問題は全国で報道されていますが、京丹後のことは京都ですらあまり注目されていません。

水谷　京都府京丹後市の航空自衛隊経ヶ岬分屯基地に隣接する地に米軍が「Xバンドレーダー」

を配備し、関西で唯一となる在日米軍基地を建設しました。Ｘバンドレーダーは弾道ミサイルを探知する高性能レーダーです。グアムやハワイが北朝鮮からの射程距離に入るアメリカが、弾道ミサイル防衛のために日本にレーダー基地の設置を要請したものです。日本政府は、日米同盟による「抑止力」強化のために、その要請を受け入れました。地元の不安や反対の声があっても、日本とアメリカの政府同士の決定で建設は進み、２０１４年12月末に米軍経ヶ岬通信所へのレーダーの配備が防衛省から通達されました。

Ｘバンドレーダーは、ミサイル迎撃システムと切り離すことができません。防衛省はミサイルを感知したら「撃ち落とす」と説明していますが、もし、それが核ミサイルだったら近隣住民はどうなるのか？　しかも、レーダー基地の近くには若狭の原発群があります。基地に米軍がきて自衛隊の配備が拡大され、軍縮から軍拡の時代になっているのです。

現在の戦争は、レーダーによる戦争です。もし有事になれば一番にレーダーが狙われる。Ｘバンドレーダーを設置することで危険性が高まるという、地元住民の不安も増しています。住民グループは、行政との対話を続けてきましたが、住民の納得できる返答・情報を得ることはできませんでした。迎撃用にイージス艦を準備していることは返答がありましたが、

街頭での対話も大切

に伴い米軍は約5ヘクタールの基地を新設し、約160人の軍人や軍属が配置されました。騒音被害の声もあがり、米軍関係者との交通事故や人身事故も増えています。

中村　兵站《へいたん》もそうですが、戦争になったら武器やレーダーのあるところを狙いますね。現地はどのような感じですか。

水谷　京丹後は風光明媚な美しい場所です。穴文殊《あなもんじゅ》という海食崖で形成された高さ約10メートルの海食洞があります。その上の岩盤を削って、米軍のXバンドレーダーの施設が建設され、全体の景観が大きく損なわれました。

　海食洞の真上の丘にある航空自衛隊分屯基地は、3年がかりの拡大工事が現在進められています。日米同盟により、自衛隊基地もアメリカと共同で使用されています。日米合同対テロ訓練も始まっています。穴文殊の近くには、「文殊さん」と呼ばれる清涼山九品《くほん》寺の本堂と山門がありますが、すぐ横に基地のフェンスができました。お寺に行こうとすると警察の職務質問にあう、そんな場所になってしまいました。

中村　このレーダー基地とミサイル迎撃システムの設置は、集団的自衛権を行使するときに「有効」ということになりますね。

水谷　辺野古でオスプレイを飛ばし、経ヶ岬でレーダーを設置し、イージス艦でミサイルを迎撃する。沖縄辺野古と京都京丹後、

基地周辺での行動

そして特定秘密保護法、集団的自衛権、安全保障関連法、憲法改正の議論はすべて同一線上にあります。

今、港健二郎さんという監督が「炎の歌姫」という映画を製作しています。京都のシンガーで反基地活動をしている川口真由美さんを主軸として、基地問題と平和活動と憲法を描く映画です。私は京丹後基地問題に関わる京都の市民活動家の立場で関わっていて、2016年春の完成を目指しています。

植民地から内戦のスリランカの孤児院に産まれて

中村　水谷さんが、基地や平和の問題に関わるようになったルーツを聴かせていただけますか。

水谷　イギリス人である父の実家はプロテスタントの宣教師の家で、インド・スリランカ地域で布教活動を担っていました。スリランカはイギリスから独立したのちも、2009年まで26年間内戦が続きました。植民地政策は分断と、内戦という傷痕を深く残します。占領軍がいるということは、現地女性との間に子どもが産まれることとイコールです。対立や分断は、ミックスルーツの子どもたちに差別や暴力をもたらします。父の実家は、その子どもたちの孤児院を運営していました。

私が産まれたヌワラエリアという場所は、標高1800メートルの高山地帯で、霧が多く肌寒いヨーロッパのような気候の地域です。プランテーションの紅茶畑に囲まれ、異人館のように洋風建築の並ぶ町です。内戦下では、宗主国との〝混血〟は非常に狙われやすい立場にあります。

子どもたちを差別や暴力から守るために隔離政策を採っていました。私はこの孤児院で産まれました。

スリランカの孤児院で１歳の誕生日

異母きょうだいの姉はスリランカ、兄はイギリス、私は日本と、私たち3人きょうだいはそれぞれ3つの島国でまったく違う人生を歩むことになりました。スリランカ人と宗主国の人との間に産まれた子どものことを、スリランカでは「バーガー」と呼びます。父の祖母はスリランカ人だったので、父は4分の1スリランカのDNAを受け継いだバーガーです。

姉は現地のゲリラ軍の焼き討ちに遭い、20歳で妊娠6か月のときに、オーストラリアに難民として亡命しました。

同じ問題は基地問題にもあり、基地をめぐる対立が激化すれば、「アメリカ人がなぜここにいるんだ」と、アメリカ兵の子どもやミックスの子どもも、暴力の対象になることが必ずあります。憎悪が渦巻く基地の周辺で起きるのは、アメリカ兵による暴力だけではないのです。

私が2歳のときに両親が破局して、母とふたり日本に移り大阪の母子寮に入りました。母は英語ができたので、貿易会社で働いて生計を立てました。大阪は人権運動が盛んな地域だったので、学校ではリベラルで意識の高い先生たちに恵まれたと思っています。

難民に優しくない日本

水谷　２００１年の９・11（アメリカ同時多発テロ事件）のあとには、アフガニスタンから日本へも難民申請者が増えました。私は難民申請者が収容されている大阪・茨木の入国管理局の問題を取り上げ、難民支援グループを作りました。外国籍者というだけでも住みづらい日本ですが、難民は年間10人ほどしか受け入れておらず、他の経済大国とは桁がいくつも違います。オーストラリアに逃れた姉は、大学に行くチャンスにも恵まれ、なんとか普通に暮らしているので、着いた国による難民の状況の違いにも唖然としました。人権問題にもっと深く関わりたいと、大阪の人権系の第三セクターに勤務しました。

戦争放棄した憲法のある国で

中村　戦争を放棄している日本が好きとおっしゃいますが、今、日本の憲法をどう考えますか。

水谷　私は、戦争のある国を知っています。子どものときに大好きだった孤児院で働く人が、殺されて木にぶら下げられました。ビリー・ホリデイの「奇妙な果実」[1]の歌詞そのままに。一度戦争になってしまったら、憎しみの連鎖が止まらない現実をこの目で見てきました。

内戦は、植民地の傷痕。イギリスの植民地政策によって分断されたふたつの民族は内戦状態に突入し、停戦後の今も結婚をすることもままなりません。

１９８４年の国籍法改正まで、母親の国籍を継承できなかった日本で、私はイギリス国籍者として、外国人として暮らしていました。３か月毎にビザを更新する必要があり、母は働きながら、

3か月に一度はウィークデーに入管にいかなければなりませんでした。

イジメを受けたこともたくさんありました。身分が保証されていないような不安は、子どもながらにいつもつきまとっていました。それでも、日本が戦争を放棄していることが、一番の安心でした。私たちのように複数にルーツを持つ人は、もしもそのルーツの国同士が戦争をしたら、本当に死活問題なのです。戦争をしない、徴兵制のない国だから、安心して子育てができると思っていました。戦争放棄は、ガンジーの非暴力の思想。世界に戦争がなくなった日は一日もないけれど、日本から、その理念を強く発信していきたい。

中村 憲法9条は変えない、戦争放棄は貫きましょう。これからもずっと。

水谷 私は、この憲法9条の理念を世界に広めたい。70年前から、戦争放棄をしてきたことの素晴らしさ。私たちはどう生きていきたいのか。非暴力という思想をもっと広めていきたいです。

1 「奇妙な果実」は、リンチの末にポプラの木に吊るされた黒人の死体のこと。人種差別に対する告発の歌。

子どもや孫の世代に背負わせてしまう決定を前に、大人が声をあげないわけにはいかない。

中村あゆ美　子どもたちへ宇治から平和を紡ぐ会

中村あゆ美さんは、父親の経営する電子機器製造の町工場で働く3人の子どもの母親。2013年末、特定秘密保護法の強行採決をきっかけにデモに参加するようになり、その後も安倍政権の政策に懸念を抱き、ママ友だちと「憲法カフェ」を開催しています。2015年6月には「安保法制案の撤回を求める意見書」を宇治市議会に請願し、7月3日の本会議で採択されました。行動する母親・あゆ美さんが住む宇治で話をうかがいました。（聴き手と語り手がともに中村のため、双方のファーストネームを使います。）

1970年代から80年代、京都の平和憲法教育

純　京都は、2012年に東京から子連れ移住した私にとっては、異色の土地です。1965年に蜷川虎三京都府知事の発案で、京都府として『ポケット憲法』を作製し、希望する府民に配布したと聞いたときには本当に感動しました。憲法が生活や教育の中に浸透した土壌で育まれた人たちが親になっている。それなら京都から「平和を紡ぐ」力があるのではないかと思いました。学校

ではどんな教育を受けてきましたか。

あゆ美　小学校のとき、体育館で戦争の映画を見せてもらい、あなたはどう思うか、と繰り返し問われました。京都の公教育の中には、戦争の悲惨さを伝える平和教育の時間がありました。お決まりの「戦争はいけないと思います」ではなく、なぜそうなのか、ということを自分で考えさせる。小学校高学年のとき、公民館で「青少年の主張」に参加し「おばあちゃんになっても戦争に反対する」とスピーチをしました。足ががたがた震えて(笑)。

純　京都の公教育の中で、学び、自ら思考し、意見を紡ぎ、なぜそう思うのかを話し合う民主主義の土台を学んだのですね。

あゆ美　戦争は決して人間の性《さが》ではないと思う。だれかを守るためにいのちをかけて闘うなんて、美化されたイメージに置き換えられているけれど、戦争は恨みもない者同士が殺し合うこと。戦争は死ぬ、殺す、というその瞬間だけのことではなく、あらゆるものを壊すのです。

高校ブラスバンド時代(右があゆ美さん)

思考し、行動する市民

純　あゆ美さんが行動をしようと思ったきっかけはどんなことですか？

あゆ美　２０１３年12月、特定秘密保護法が国会で強行採決されたときです。「これは治安維持法と同じやないか。本当のことを知ることができひんようになったら、市民は考えることもできひん。民主主義でなくなる」という危機感を抱きました。

同じころ、京都府北部の京丹後レーダー基地[1]の問題があって、ヒューマンチェーン（包囲行動）に誘ってくれる友人がいました。夫は当初「これは反対してはいけないことかもしれない」と制止してきて。沖縄に基地を押し付けているだけでなく、本土も引き受けなくてはならないんちゃうか、と。「それなら調べたる」と思って、京丹後市役所に電話で問い合わせてみました。すると、沖縄の基地を本土で引き受けるのではなく、沖縄にも京都にも新しい基地を造る、プラスプラスであることがわかって。なんでいま米軍基地を増やすのだろうか、と思いました。

純　自分で調べて考える。まさに教育のたまもの。鵜呑みにせずに思考する市民は、このように育まれる（笑）。２０１４年7月には、京都大学の学生（当時）の西郷南海子さんのご夫婦が主催する「コドモデモ」に家族で参加しましたね。

あゆ美　子どもを連れてでも、何かしたい、声をあげたいと突き動かされているお母さんたちと出会いたかった。デモに参加することについて最初夫は反対したけれど、子どもにもわかる言葉で、親子で楽しそうに歩いているコドモデモにならって、と家族で参加するようになって。「戦争をすることより、戦争をしないことを全力で手つだいます。日本国の民」という手作りうちわを作って、家族でみんなに配ってデモをしました。九条ネギ飴を配って歩くママもいて、関西のおばちゃんは飴ちゃん配る

夫婦でベトナム戦争反戦歌を歌う

ものだから、みんなもらってくれてました（笑）。

純　一緒に開催した憲法カフェでは、ご夫婦で「ダウン・バイ・ザ・リバーサイド」というベトナム戦争の反戦歌を歌ってくれましたね。夫婦の間でも、調べ、議論し、ともに歌い、歩くという民主主義が成り立っているのですね（笑）。

●自分の生活圏でできることから始まる輪

あゆ美　集団的自衛権の閣議決定の日、コドモデモ主催の西郷さんの「ちらしを作ったので駅前で配ります」という投稿をフェイスブック（インターネット上のサービス）で見つけました。宇治から京都市内に駆けつけたい、でも子どもを連れて夕方になってしまう。本当は東京にだって駆けつけたい気持ちでした。西郷さんは、自分の生活圏でできることをしている。それなら、自分も近くで何かしたいと思いたち、3時ごろからちらしを作り始めました。

そして私も、「6時から宇治駅前で集団的自衛権の閣議決定を受けてちらしを配ります、来られる人いたら来てください！」とフェイスブックに投稿しました。

「ほんなら行こか」とシンガーの川口真由美さんも駆けつけてくれました。宇治の駅前に、真由美さんと地元の中学校の先生が来てくれて、さらにママ友が自転車に乗って、ツゥーっと駆けつ

1　2014年、日本海に面した京都府京丹後市にある航空自衛隊経《きょう》ヶ《が》岬《みさき》分屯基地に、弾道ミサイルを探知するレーダーを配備する米軍専用施設が建設された問題。周辺では市民団体などの抗議も行なわれた。

けてくれたときは涙がでました。
地元では、人に見られているか気になり、壊したくない関係もある。でも、いま大げさだと思われる恥より、声をあげられる状態にあるのに声を出さない方が、あとで絶対に後悔すると思っています。

純　「お母さん、戦争が始まるとき、何をしていたの」と戦後の子どもたちが、親たちに訊ねたように、私たちはまた同じ言葉を子どもたちに繰り返させることになる。また子どもたちを戦争に送るようなことはしたくないですね。

あゆ美　「これだけは権力者に守ってもらいたい」という国民が権力者に守らせるルールが憲法だということを憲法カフェで学びました。国民にその自覚がないままだと、政府のやりたい放題になってしまうのは当然だと思います。憲法がそもそもどういったものかを知って、それまで自分が知らなかったことがショックであり、感動でもありました。これからも、そもそも憲法は何のためのものなのか、ということを、周りに投げかけたいです。

純　それで、2015年4月、宇治市で「さくら咲く サクッと憲法カフェ」を開催したのですね。5月の憲法記念日には、「つぶやき憲法カフェ」で、憲法にまつわることをそれぞれがフェイスブックに投稿できるイベントを作成して、反響を呼んでいましたね。

あゆ美　次は「ぶっちゃけ憲法カフェ」を企画するつもりです。たとえば、「緊急事態宣言」とは何を想定しているのだろう。その宣言が発令されたらどのような状態になるのだろう。わからないと恥ずかしい、で終わらず、自分もわからないから、「ぶっちゃけ、それって何なん？」ということを学びあいたい、と思っています。

地方自治体に請願採択

純　宇治の憲法カフェで知り合ったお母さんたちと、「安保法制案の撤回を求める意見書」を宇治市に提出されましたね。安全保障関連11法案について、政府に対して宇治市が意見書を提出す

請願の趣旨
「安保法制案の撤回を求める意見書」を
政府に提出してください。

理由
1.安保法制案は違憲です。先日の衆院憲法審査会でも、そのような見解が出されています。憲法を無視して法案を通さないでください。
2.他国の戦争に加担することを可能にする法案を通さないでください。

願い
「戦争をしない国」から「戦争をなくす国」へ
これまで日本は専守防衛の立場を貫くことで、世界からの信頼を得ることができ、日本の国民が戦争に巻き込まれること、それによって殺し殺されることから守ってきました。

他国の戦争に介入することは、戦争に巻き込まれてしまう危険が増えるほか、日本を敵とみなす国が増えテロに巻き込まれる可能性も高まります。

戦争に巻き込まれたときに犠牲になるのは、今の若者たちや選挙権さえ持たない子供たち、これから生まれ来る子供たちです。

宇治市は核兵器廃絶平和都市宣言を制定しており、平和都市推進協議会の活動もあります。そんな市民と共に平和を願う歩みをともにする町としても、非戦・平和への発信をしていけたらと願っています。

平成27年6月10日
宇治市議会議長　石田 正博　様

請　願　者
請願者住所　〒●●●●●
請願者団体 子どもたちへ宇治から平和を紡ぐ会代表
中村 あゆ美　印

宇治市への請願書

るように求めるのが要旨で、請願は6月24日の総務常任委員会、7月3日の本会議で採択されました。

あゆ美　自分の突拍子もない投げかけや呼びかけに、色んな人が反応してくれた。団体による正式な大集会ということでなくても、自分の身近で、自分の言葉や感覚でできることをしていけばいいんや、と思えたことは希望だった。子どもや孫の世代に背負わせてしまうかもしれない決定を前に、大人が何もしない、声をあげないということは考えられない。一緒に歩きましょう、と全国の市民に呼びかけたいと思っています。

第二章

学問と平和と表現の自由のために

藤原辰史　自由と平和のための京大有志の会／京都大学教員

血を流すことを貢献と考える普通の国よりは、知を生み出すことを誇る特殊な国に生きたい。

鴨川の西の左京区は緑豊かな学問と生活者の街。２０１５年7月2日、安保法制、言論への威圧発言、大学への君が代・日の丸の強制など安倍政権の政策に反対し、新しい時代の自由と平和を創造するため「自由と平和のための京大有志の会」が結成されました。その際話題となった「声明書」の草案を書かれた藤原辰史さんに、会の発足についてうかがいました。

●声明書は、どのように産まれ落ちたか

中村　「自由と平和のための京大有志の会」が発表した声明書は、高らかで誇り高く、詩のように美しいマニフェストでした。この宣言はどのようにして産まれたのですか。

藤原　安保法制が衆議院で審議中の２０１５年7月2日、15分ほどで声明の草案を書きました。ともに京大有志の会を結成したほかの2人に草案を読んで少し訂正してもらい、その日の夜にはウェブサイトに掲載しました。

安保法制の動きに危機感を感じ、6月ごろから学内で立て看板を準備しはじめていました。全国的には学者の会ができ、各大学も声をあげ始めたころです。京大でも有志の会を作り、京都の地域性に根差した声をあげようと思っていました。賛同者を募るには、声明書が必要だったわけです。

中村 15分で書かれたのですか。それは危機感から降りてきた言葉ですね。

【声明書】

戦争は、防衛を名目に始まる。
戦争は、兵器産業に富をもたらす。
戦争は、すぐに制御が効かなくなる。

戦争は、始めるよりも終えるほうが難しい。
戦争は、兵士だけでなく、老人や子どもにも災いをもたらす。
戦争は、人々の四肢だけでなく、心の中にも深い傷を負わせる。

精神は、操作の対象物ではない。
生命は、誰かの持ち駒ではない。

海は、基地に押しつぶされてはならない。
空は、戦闘機の爆音に消されてはならない。

血を流すことを貢献と考える普通の国よりは、知を生み出すことを誇る特殊な国に生きたい。

学問は、戦争の武器ではない。
学問は、商売の道具ではない。
学問は、権力の下僕ではない。

生きる場所と考える自由を守り、創るために、私たちはまず、思い上がった権力にくさびを打ちこまなくてはならない。

自由と平和のための京大有志の会

(同会のウェブサイトにて、各国言語のほか、子どもにわかることば版が掲載されている)

藤原　そうです、圧倒的な危機感。百田尚樹さんが、自民党の若手国会議員ら約40人が党本部で開いた憲法改正を推進する勉強会「文化芸術懇話会」で、「沖縄の新聞（『沖縄タイムス』と『琉球新報』）はつぶせ」とメディアや沖縄や市民を愚弄する発言をしたことに対する怒りもありました。衆議院本会議での安保関連法案可決に対しては、法案の即時廃案を求める合同声明を立命館大学有志と即日提出。京都の複数の大学で合同集会も開き、強い連帯が生まれつつあります。

●思想の核

中村　「安保法制」反対も色々な立場や考え、思想があると思いますが、藤原さん個人の思想や研究、バックグラウンドからの立脚点をお聴かせ願えますか。

藤原　声明書の8行目にある「生命は、誰かの持ち駒ではない」が、私にとっての核です。声明書は読み手が自由に改変し、自由に自分の考えを深めていただければよいので、すでに私や京大有志の会のものではないのですが、私の個人的な解釈をお話しします。

今進められている安倍政権のあらゆる改革、変化の根は一緒です。労働者、自衛隊員はじめ、多くの人の生命をないがしろにした上に成り立つ経済。それがアベノミクスの本質です。もっといえば小泉政権の規制緩和からの流れ、グローバリズムに完全に乗っていくやり方です。

今、「派遣法改正案」が可決されようとしています（編集注：2015年9月11日に成立）。経済活動にとっては労働者の賃金が低い方が良いわけです。自衛隊員の生命を危険にさらして生命を軽視することと、労働力を安く買い叩くことは同一線上にあります。

「戦争は、兵器産業に富をもたらす」と声明書にありますが、戦争によって、兵器、航空機、毒ガスなどの化学工業と、多くの分野で経済活動が活性化されます。こんな社会が果たして幸せなのか。一握りの人の経済活動のために、多くの人の生命が軽んじられている。安保法制は氷山の一角にすぎません。

中村　「経済政策」は、一定の要件を満たせば武器輸出を容認する「防衛装備移転三原則」を2014年4月に閣議決定しましたね。防衛省の外局「防衛装備庁」が発足し、日本経済団体連合会（経団連）が、防衛装備品の輸出推進に向けた提言を発表しています。

●食べ物とファシズムから「生命を軽んじる」ことを考える

中村　藤原さんのご専門から生命の問題を考えると、端的にどのように思われますか。

藤原　私は農業史を研究していますが、食べ物、台所とファシズムの問題から、「生命を軽んじる」とはどういうことなのか考えています。食べ物は今大変なことになっている。少なからぬ食べ物、とくに肉の飼料になるものは、遺伝子組み換え作物が多く利用されている。遺伝子組み換えという行為自体が生命を軽視しています。遺伝子を操作することによって、その会社の種に適した農薬も作られ、種を作った会社が儲かる仕組みになっています。

そのようにして作られたものを食べて、私たちは生命を燃やしている。それに対して違和感を持たなくなったとき、それは学問、文化の終わりを意味します。知や学問や言葉がブレーキになるはずだと思っています。

言葉を喪ったとき、世界に冷たい沈黙が訪れる

中村　逆に今、政治は、巧妙に言い換えた言葉で、国民をだまそうとしていますね。先の戦争でも、言葉と教育とメディアを操作しました。

藤原　そうですね。百田さんの発言も「特定秘密保護法」もそうですが、言論の自由や知る権利をないがしろにしようとしています。

言葉が人々の心に根付いていくのは、為政者にとっては怖いことです。だから、為政者は今の世の中を変えていく言葉を発する人を抑えたい。このことは歴史が証明しています。１９３３年に、ナチスに考えの合わない本が焚書（本を燃やすこと）されました。１９１０年に幸徳秋水らが死刑に処された大逆事件を筆頭に滝川事件や天皇機関説事件など、日本にも長い言論弾圧の歴史があります。

言葉を喪ったとき、世界に冷たい沈黙が訪れる。キーンとした世界の中でひたすら上から降ってきたものをこなす、冷たく均質的で感情のない無関心な世界が目の前に広がります。今が踏ん張りどころだと思っているのです。これは、私がナチズムを研究しているから感受できることのように思います。

やわらかくて心地のよいファシズム!?

中村　ナチズムと今の日本の空気をどのように重ねますか？

藤原　ヒトラーが首相になる直前の選挙では、実に65パーセントの人がナチ党ではない党に投票しました。ナチ党の支持率はわずか33パーセントです。当時のドイツ人は、ナチス、ヒトラーなんて

すぐ終わる、ユダヤ人排撃と言っているけれど、まさか殺すところまでいかないと思っていたわけです。そうして始まったナチスの世界は、経済政策でいきなり600万人の失業者をなくしたわけです。ナチスは、ドイツ人に福祉政策を施す一方、身体障がい者とユダヤ人を徹底的に排除していく優生思想の政策を進めました。ファシズムは、人を心地よくさせて思考停止させ、霧の向こうで野蛮なことをし、戦争に巻き込むシステムです。

やわらかくて心地のよいファシズムが、今、日本にも広がってきている。その中で言葉も自由も奪われ、霧の中にいるような時代が来ているという感覚が歴史研究者としてのリアリティです。ドイツはナチ党党首アドルフ・ヒトラーが首相に就任した1933年の段階で、同じような感じだったと思います。

中村 ファシズムは、圧政のようなものだと思っていました。自分たちは経済的に恵まれていて、ものを考えず、ユダヤ人や障がい者は殺されている。彼らのことは「他人事」と考えられていたのでしょうか。

藤原 ナチスに抵抗した人もいたけれど、そういう人は排除されてしまった。抵抗するのは例外で、時代に流されて生きていく人のほうがはるかに上回っていたのです。抵抗も支持もしない「普

2015年9月1日、京都大学西部講堂で開催された「安保法制」反対集会の様子

通の人々」、こういう人たちが時代の空気を作っているのです。日本もそういう人たちが多数派です。なんとなく違和感はあるけど、声をあげるほどではないし、そもそも忙しいし、という感覚です。

中村 おそらく何が問題なのか、多くの方はまだわかっていないのではないでしょうか。個別的自衛権と集団的自衛権すら混同されているように思います。

藤原 そうかもしれません。ただ、声明書を出したあと、寄せられたメッセージを読んで驚いたのは、これまでまったく政治に関心を持たなかった人が関心を持ち、自分の言葉で意見を述べ始めているということです。自分の心にあった平和への思いを言語化し、だれかに伝えようとしている。

●憲法の危機

中村 ヴァイマル憲法が骨抜きになってしまったように、日本国憲法の精神が、自民党改憲草案のそれにとって代わられるような危機感を感じています。

藤原 ヴァイマル憲法は、1933年3月23日に制定された「全権委任法」によって「骨抜き」にさせられました。「全権委任法」は、政府が憲法に違反した法律を定めることができるというもので、これによってヴァイマル憲法は機能不全に陥り、ヒトラーの暴政が始まります。では、なぜそれが可能だったのか？ ヴァイマル憲法に穴があったからです。

ヴァイマル憲法は、とても民主的で素晴らしい憲法でしたが、いわゆる「大統領緊急令」と呼ばれる48条がありました。これは、大統領が「公共の安全および秩序に著しい障害が生じ、またはそのおそれがあるとき」に、武装兵力を用いて介入したり、「人身の自由」「集会の自由」「結社の自由」などの基本的人権を全部または一部停止できたりするというものです。

ヒトラーは、首相になったあと、国民の根強い支持があった共産党や社会民主党を弱体化させるために、この緊急令に基づく法律をヒンデンブルク大統領に発布させて、それらの党員たちを逮捕・予防拘束しました。それが、「全権委任法」可決の道を開いていくのです。

ですから、麻生太郎副総理の「ナチスの手口を学んだらどうかね」という発言は、改憲のやり方を学ぶというのではなく、憲法破壊の過程で国民の反対意見を封殺していったところを学びたいという本音の表れのように思います。だから、彼は、同じ発言のなかで「喧騒の中で決めないでほしい」と言っているのだと思います。

中村　自民党改憲草案にも「緊急事態条項」があります。この草案が実現してしまうと大変なことになりますね。

藤原　安全保障関連法案をめぐり、礒崎総理補佐官が「法的安定性は関係ない」などと発言したように、法や憲法を軽視し、権力が国民をほしいままに動員しようとしています。その意味で、自民党改憲草案の「緊急事態条項」がヴァイマル憲法の「大統領緊急令」と似ていることに危機感を覚えずにはいられません。さらに、政府が法的安定性をないがしろにするところは、「全権委任法」の精神と符合します。

自身の源流とこれから

中村　今の研究や活動につながる、ご自身の源流を教えてください。

藤原　小中高と島根で過ごしました。広島が近いので、原爆ドームや平和祈念資料館を訪れる機会も何度かありました。そこで、ケロイドになった人たちの写真などを見て、なぜ大人はこんな酷いことができるのだろうと思いました。母親が、絵本の『おこりじぞう』や『対馬丸』などを読んでくれたことも、印象深く残っています。

京都大学に進学して、ドイツ現代史の凄まじさに遭遇しました。[1]平和主義の最大の敵がファシズムだと感じ、ナチスに興味を持ちました。ナチスは食糧の重要性に気づいていたのですね。戦争で食糧をなくせば、非戦闘員は弱る。第1次世界大戦時にドイツは、イギリスに海上封鎖されて76万人の餓死者が出た。それで二度と国民を飢えさせない食糧政策を訴えナチスは選挙に勝つのです。さらに、侵略した場所では「スラブ民族の営む劣った農業」を排除して、ドイツ人による有機農業を普及しようと考えた。私の実家は農家なので、農業、食とファシズムがつながっていることがショックでもありました。

中村　今後、市民にひらかれた知の広場をつくるとおっしゃっていましたが、具体的な活動を教えてください。

藤原　安保法制抗議集会など、京都で様々なネットワークを作りながら、地域に根差した声をあげていきます。いろんな人々の声のステーションとしての役割を果たしていきたいと思います。

1　藤原さんの著作には、『カブラの冬―第一次世界大戦期ドイツの飢饉と民衆』（人文書院）や、『ナチスのキッチン―「食べること」の環境史』（水声社）がある。

戦後七〇年いまがもつとも危ふいとわたしは思ふがあなたはどうか

永田和宏　歌人／京都大学名誉教授／京都産業大学教授

京都大学名誉教授で、京都産業大学総合生命科学学部教授の永田和宏さんは、短歌雑誌『塔』前主宰の歌人でもあります。塔短歌会は1954年に創設。月刊誌『塔』を発行し続け、戦後の庶民感情の総体を見つめてきました。永田さんは朝日新聞歌壇の選者も務められ、歌に表された同時代の人々の感情から、憲法や言葉の危機を察知されています。

言葉と民主主義が奪われる危機

中村　永田先生は、「安全保障関連法に反対する学者の会」の呼びかけ人になっておられますね。呼びかけに寄せられた「短歌六首」には、言葉が奪われる危機と権力に対する民衆の弱さが歌われていました。自戒を込められた人間への警鐘と受け止めました。

永田　民衆は言葉で力を持つものです。民主主義の根源にあるのは言葉です。この数年、その言葉が奪われようとしていると感じています。民主主義はだれもが自由に意見を言える、たとえそれが少数であっても権力に都合の悪いことであっても、尊重されるということです。
私は歌人ですので、このところの社会の動きのなかで、言葉に対する危機感を強く感じています。言葉を手がかりに、民主主義が喪われていく4つのプロセスをお話したいと思います。

戦後七〇年いまがもつとも危ふいとわたしは思ふがあなたはどうか
権力にはきつと容易く屈するだらう弱きわれゆゑいま発言す
私は弱い　弱いからこそ今のうちに言はねばならぬと話を始む
権力はほんとに怖いだがしかし怖いのは隣人なり互いを見張る
なによりも先に言葉が奪はれて言葉が民衆を追ひ立てるのだ
まさかそんなとだれもが思ふそんな日がたしかにあつた戦争の前

●プロセス①　言論抑圧

永田　自民党文化芸術懇話会で「マスコミを懲らしめないといけない」「沖縄の二つの新聞はつぶさなあかん」ということを言った方たちがありました。明らかな言論抑圧です。「経団連に言って、マスコミにはお金を出させないようにしよう」というようなことが、閣僚や議員の参加する懇話会で話される。首相がこれらの発言について「これも言論の自由だ」という意味のことを言い放った。そこが一番ショックでした。憲法は言論の自由を保障しています。しかし、権力者側は憲法を護らなければならないと書いてあります。憲法を無視するような発言を言論の自由だというのは憲法99条（天皇又は摂政及び国務大臣、国会議員、裁判官その他の公務員は、この憲法を尊重し擁護する義務を負ふ。）違反です。

中村　「表現・言論の自由」は、権力による市民の言論抑圧を防ぐためにあるもので、権力者の放言を許すものではないですね。

プロセス②　自粛という名の萎縮

永田　さいたま市で、ある女性が俳句大会で優勝しました。そのときの句が、「梅雨空に『9条守れ』の女性デモ」という俳句です。ところが、さいたま市は公民館の月報にこの句を載せませんでした。「憲法改正論議が進んでいるときに、一方的に憲法守れの立場を載せられない」というのがさいたま市の主張でした。この女性は最近訴訟を起こしました。日本国憲法を順守するという誓約のもとに働いているのが公務員のはずですから、まったく自己矛盾した主張です。

高知の土佐電鉄は、毎年5月の憲法週間には戦争放棄を謳った「守ろう9条・世界の宝」の横断幕を掲げた「憲法9条号」をつくり走らせていました。ところが昨年、市民からの抗議で取りやめになったと聞きました。「市電が、憲法守れという一方的な主張を載せるのか」という抗議に自粛してしまった。これらは、「権力より隣組が怖い」という象徴的な例です。自分が何か言ったら隣の人に何か言われるのではないか。戦前、この隣組が一番怖かったであろうと思います。しかし、この隣組的監視装置が我々のそばに差し迫ってきている気がする。

中村　日本社会では権力者の意向に、自ら従っていく傾向がありますね。権力構造と集団性の中で、異質を叩く傾向があります。言論は、他と異なるところからしか立ち上がらないものですが、言論抑圧と自粛の中で、「わが言葉」を話せなくなっていくのですね。

プロセス③　言葉に対して鈍感になっていく危機

永田　我々が言葉と民主主義を失っていく第三に、我々が言葉に対して鈍感になっていくことがあげられます。集団的自衛権の閣議決定のあたりから、政治家などの失言が相次ぎました。自民党幹事長（当時）の石破茂さんは、「デモはテロと同じだ」と言いました。自民党議員の三原じゅん子さんは「八紘一宇」という死語を使いました。そのあとに安倍首相が「わが軍」と言った。憲法改正を大っぴらに議論するのではなく、「ナチスの手口を真似たらどうだ」と言った閣僚もいましたよね。これらは意図的な失言であったように思います。一旦発せられた言葉は、謝罪をしても消えません。藤原定家に「見渡せば花も紅葉もなかりけり浦の苫屋の秋の夕暮れ」という歌があります。「花も紅葉もなかりけり」とありますが、読んだ人は花と紅葉をイメージします。言葉は消されることによって、より印象深く伝わっていくのです。「今の言葉はなかったことにしてください」と言われながら、我々の記憶に残ります。こうして我々はだんだん言葉に対して、不感症になっていくのです。そして、言葉を忘れても言葉に対する不感症だけが残っていく。

言葉は、激しいものほど繰り返されるうちに免疫ができてしまう。だから、こういう激しい失言、言葉がでてきたときに我々がどのように反応できるかということはとても大切なことです。

中村　強い言葉に慣れ、流してしまわずに、違和感を発し続けていかねばなりませんね。おそらく、2015年の「現代用語」関係の本は、「安保」「防衛」「戦争」に関するものが多いはずです。

のちに振り返れば、その時代の言葉の総体が異様な空気を示していることがあります。今は、きっとその時なので、むしろ「わが言葉」を取り戻し、時代に呑みこまれないようにと、苦悩します。

●プロセス④　オールマイティーな言葉が徐々に浸透していく

永田　第4の項目として、オールマイティーな言葉が徐々に浸透していくということがあります。たとえば「国益」という言葉はオールマイティーです。自民党の改憲草案の「言論の自由」の項目に「公益および公の秩序を乱さない範囲での言論の自由」を認めるという事項があります。では「公益」とは何か、「公の秩序」とは何か。だれも答えられない。オールマイティーの言葉が普及していく先は、戦前の「非国民」という一語にたどり着きます。非国民と言われると、もう何も言えなくなる。「非国民」は、戦前もっともオールマイティーな言葉だったのではないかと思います。「一億総玉砕」「天皇」もそうでしたが、言葉が独り立ちして、私たちを追い立てていくのです。また、そういう時代がやってきつつあります。「積極的平和外交」と言われたら、私たちはなかなか対抗できないですね。耳触りのよい言葉ですから。言葉としては良いことが言われても、その言葉がどのような時代背景や文脈で使われたか学ばず、別の文脈の中でその言葉だけを使う。「一億総活躍社会」には、戦時中の「一億総玉砕」が重なってきます。言葉に対してナイーブな感覚を失ってはいけないと思います。

中村　「一億総活躍」は、1945年3月に公布施行された「国民勤労動員令」と重なってしまいます。勤労と言いながら、本土決戦のための兵力と空襲時の要員確保の動員だったのですが、「総活躍」は、だれのために？　ということを、違和感を持って考えたいです。

◉詩歌の言葉

中村　全体主義的な言葉と、歌や詩の言葉は、どのように異なりますか。

永田　我々詩人や歌人の持っている言葉は個別の言葉ですよね。全体主義的な方向に持っていく言葉、オールマイティーな言葉の方が強いです。「非国民」「国賊」「積極的平和」。すべて同じ位相の、みんながあるひとつの方向、意味に受け取ることを強いる言葉です。それらの言葉の周縁を掴むのが、我々の詩や歌の言葉です。だから、大衆の言葉にはなりません。

しかし、政治も、一人ひとりの生活の現場で向き合ったときに、どんな言葉になっていくか。事実を事実として記述する歴史には、唯一残らないものがあります。それはその現場の庶民の感情ですね。その事件を一人ひとりの生活の中でどう受け止めたのか。これは歌しか表現できないのです。

時代の感情は歌の総体として、全体のアンサンブルとして後世に残っていく。個人の感情を作品集として残すことは貴重です。『昭和万葉集』にも、時代に流されながらも生きた、個人のやむにやまれぬ思いが残されています。

中村　ここに特攻隊の若い方たちの歌集をお持ちしましたが、ここには、「桜のように潔く散る」「玉砕」という言葉が、本当に多く見られます。そのような時代の言葉で追い立てられた若者たちの死の向かう先は、「天皇のため」なのですが、『きけわだつみのこえ』を読むと、学徒動員の若者たちは冷静に時代を思考し、判断し、戦争に負けることも理解し、家族や母を何より思っていたことが伝わってきます。

●いまがもっとも危ふい

中村　「戦後七〇年いまがもっとも危ふいとわたしは思ふがあなたはどうか」という歌にある「もっとも危ふい」は、いつごろの時点で感じられましたか。

永田　特定秘密保護法案が出たときが最初ですが、これに武器輸出三原則の緩和、集団的自衛権の行使容認を含む安保関連法案の3点セットがそろったときに、いよいよ危ないと心底思いました。

マスコミは、この3つにどう対応するかというのが大切ですね。「武器輸出三原則」は、基本的に武器輸出はダメだが、ある場合にはそれを認めることがあるというものでした。しかし、「防衛装備移転」となったところで、武器の輸出は基本的にOKだが、あるものについては禁止すると価値が逆転した。この言葉の逆転を十分に伝えることのできなかったマスコミには責任があります。自民党は、「強行採決をしてしまえばみな忘れる」とタカを括っているように見えます。強い言葉ほど忘れられるのも早いです。これはある意味真実なので、忘れないようにみなに伝え続けるというのも大切な仕事です。

集団的自衛権容認の閣議決定、安保関連法案の強行採決のあと、朝日歌壇には、通常の倍ほどの投稿がありました。「総理大臣からその国を守らねばならないといふこの国の危機（梶谷基二）」とか、「九条を守れと教えし三十余年如何に見ているこの夏の卒業生（こ）ら（中嶋眞男）」[1]とか、どれもいい歌だと思って採りました。そのときは大きなうねりになりました。しかし、残念なが

1　2首はともに『朝日新聞』2015年9月7日朝刊「朝日歌壇」より。

ら、2、3か月たつと、すぅーとひいていくものです。これが問題ですね。

中村　言葉を奪われぬよう、私たちは何をし続けたらよいでしょうか。

永田　忘れられていくからこそ書き続ける。そういうことが大切ですね。歌や詩の立場でいえば、反対という意志表示だけでは詩としては成り立たない。我々が伝えたい言葉は、我々一人ひとりが感じていること。新聞のキャッチコピーになるような言葉ではなく、全体主義的な方向に時代を導く言葉でもなく、１００人いて10人にしか伝わらないかもしれない言葉が詩でしょう。

　みな沖縄のことを自分の言葉で語ることができない。自分の想像力なしに、コモンセンス、共通理解としての言葉を使って、沖縄を語る。「翁長知事を孤立させてはならない。沖縄は私たち自身なのだ」と言いながら、私も自分が何をしてよいのかわからないのです。

　私のできることは、時代に生きる人たちの歌を取り上げて、みなに考えてもらうしかないのだけれど、沖縄も福島のことも助けられない。「助けられない」という現実の前で、どう連帯するのかというのは難しい問題ですね。

中村　私も言葉を聴いて、文章や詩を書くというようなことしかできません。無力です。ただ、個別の言葉が、生活者の中から立ち上がっていることは感じています。

永田　60年代、70年代の安保反対運動は、敗北と挫折で終わったように思います。今の運動は違います。全体組織の中の一員として参加し、組織が運動からひくと個人が挫折していく運動とは違います。高橋源一郎さんが、今回の民衆の動きを「〈私〉が主語となった」と言っていました。全体とは異なる動きで一人ひとりが続けていく。SEALDs の学生たちも「これからだ」と言っている。これは大切なことですね。

中村　法案の成立、選挙などの政治の区切りとは別に、市民が、今の社会のいびつな構造に気づき、個々人の願い、いのちへの眼差しを深め、文化として育んでいく、長い旅の始まりだと思っています。私が生きているときにはたどり着けない旅かもしれませんが。「平和憲法を無傷で次世代に手渡す」と、おっしゃっていた亡き作家の先輩の言葉が、ずっと私の中にあります。

今、言葉を紡ぐこと

永田　先の戦争のときは、斎藤茂吉のように大政翼賛的な歌を多く詠んでしまった歌人もありました。歌は庶民の詩形であるという強さもあるけれど、よほど意識的でないと時代に流されてしまうのです。歌人は、先の戦争で「時代と詩表現はどうあるべきか」という洗礼を受けました。歌はプロパガンダにも利用されやすい。庶民の強さと浅はかさが反映される、時代を如実に映してしまうのが歌の詩形なのです。

中村　戦時中の特攻隊の歌、教科書、メディア、広告、看板に、時代を侵食していた思想が言葉として表れています。詩人や歌人たちは、今、キャッチコピーが多用される政治を警戒して、言葉に敏感な立場として、炭坑のカナリアのような声をあげたいですね。

永田　「わたしは思ふがあなたはどうか」。ここが大切で、それぞれが自分を問うのが大切だと思います。未来の子ども・孫たちに、「あのころどうしていたの？」と問いかけられないように、今、言葉を紡ぐことは、ひとつの意思表示だと思っています。

虫賀宗博

論楽社／言葉の紡ぎびと

この国の危機に、逆説的に実りがある。本当にみじめでさみしいひとりから思考すること。

京都の洛北の静かな住宅地に論楽社はあります。虫賀宗博さんはここで暮らし、１９８７年から「言葉を紡ぐ」という講座を開いています。哲学者の鶴見俊輔さん、随筆家の岡部伊都子さん、詩人・森崎和江さん、アーサー・ビナードさん、ペシャワール会の医師・中村哲さんらが訪れ、市民とともに膝を突き合わせてきました。虫賀さんに、生活思想としての「憲法」について聴きました。

戦争経済の日本で

中村　虫賀さんは四半世紀、１１７回にわたり「言葉を紡ぐ」という対話をされてきました。どのように今という時代を見つめておられますか。

古民家の論楽社には静かな時が流れる

虫賀　私たちは日本語に満ちたこの島で、日本語で思考して大きくなりました。日本列島にも、世界にも、理不尽なこと、あんまりなことがたくさんあります。小さいころは、なぜみな気づかないのだろう、と思っていました。今は、必ずみなが自分はどこに立っているのか、何が大切なのかわかるときがくる、と思っています。１００年後、３００年後、１０００年後。とてつもない月日がかかって、いのちや生きることや自然の本質に気づいていくだろうと。

70年前の戦争でわかればよかったのに、わからなかった。今、アメリカという国全体が持つ歪みが日本にのしかかっていて、アメリカとともに作ってきた「戦争経済」の生活を変容させることは極めて困難でしょう。

中村　多くの方が、自分が「戦争経済」を生きているという自覚がないのだろうと思います。

虫賀　武器だけでなく、対立をもたらす資源、兵士、労働力の搾取、原発。戦争が起きれば、あらゆる分野が「振興」されます。核廃棄物が劣化ウラン弾になり「消費」されて、経済が回るのです。添加物やあらゆる発癌性物質が出回っていたあとに、日本で原発事故が起きた。当然チェルノブイリ原発事故とは違うスピードでの影響があると思います。勇気を持って見ていかなくてはいけません。

小さなことだけれど確実で具体的なことをひとつひとつしていく。39度の猛暑の原因が地球温暖化ならば木を植えていくというように、ほかのことも、それしか解決方法はないと思っています。

戦争経済でない経済を我々は見たことがないから想像しにくいけれど、自分で感じ考え調べ、ひとつひとつ生活から取り出して戦争につながることを捨てていくという作業をしていきたいのです。それぞれができることをしていく。車のシェアや節電。食べ物も安ければよいというのではなく、農薬や遺伝子組み換えのものを除き、そうでないものを苦しい中でも少量手に入れる。

戦後をどのようにまなざすか

中村　虫賀さんは、日本の戦後をどのように見つめておられますか?

虫賀　戦争経済という視点でいえば、植民地経済で奪ったものを含み資産として、日本は戦後復興をしたのです。「朝鮮戦争特需」という文字通り、朝鮮戦争によって日本は戦後復興をしました。ベトナム戦争でもアメリカとともに戦争経済で儲かり、その構造から逃れることができず、次から次へと戦争に「協力」してきた。そういう受益国家です。その流れの中でできたのが安保法制です。日本国内に米軍がいまだにいる。占領軍はふつう独立後(占領終了時)に撤退するものです。ドイツでもイタリアでもそう。ところが、米軍が不思議なことにずっと居て、日本の基地からベトナム、アフガニスタン、イラクへと出撃するのを、日本政府は黙認をしているのです。

集団的自衛権の名のもと、米国の戦争に日本軍が加担することになる。日本国憲法9条の2項だけでなく、1項も殺され、ひとつの内閣の憲法解釈によって憲法が殺される。

1952年の独立以後、日本政府は憲法9条を一度も守ったことがありません。警察予備隊、保安隊をつくり、現在の自衛隊は実質「日本軍」。2015年は世界第7位の巨大な軍事予算をもっています。2016年度予算案では初の5兆円台が視野に入れられ、自衛隊の任務拡大が計画されています。

占領の継続条約は日米安保条約と呼ばれ、「米軍は日本を守るために駐屯している」と信じら

私の仕事は生きること

虫賀宗博

冒険とは
高山や氷原にはなかった
一日一日を静かに生きることであった
風、星、空、水、草、石
川面の輝き、夕暮れの雲、大樹の葉

一日一日の喜びをつくる
それらは
私のものではない
誰かのものではない
所有ではない
金ではない
それらは
何のたくらみもなく
あるがままで世界を美しくしている

私の仕事は
世界の内部において
ただ生きること
冒険家のように
一日一日を
大胆に、慎重に、ただ生きること
見た夢を忘れぬように
死者に水を上げることを忘れぬように
沈黙を聞くことを忘れぬように

さあ
出る息になりきろう
入る息になりきろう
いまここになりきっていくこと
いまここ、このこと、これで行くところまで
行ききっていくこと
空の下に
小さな存在として
いま、ここにただ在ること

出典：論楽社ほっとニュース（2012年6月28日）
http://blog.rongakusha.com/?month=201206

れています。しかし米軍は米国の権益を守るために、日本占領を継続しているのです。米国に、自由に軍事行動ができる権利を日本が与えたのが日米安保条約。その運営規程が日米地位協定です。憲法9条の上に乗っかって9条を無化し、空文化してきたのです。

御簾の向こうは天皇ではなく、米国

虫賀　米国の命令（指示）と許可（支持）に基づいて、現政府は存立しています。戦後、天皇が象徴性となり、その代わり米軍が残り、「御簾の向こう」で決定がなされ、その指示に官僚が従っているかのような構図です。

米国は他国に先制攻撃を行なう国家。その攻撃に日本も参加する――という宣言が「集団的自衛権の発動」。日本はますます孤立します。仮想敵国の中国や北朝鮮をはじめ、韓国やロシア、台湾からもますます警戒され、友国はなく、米国の属国（植民地）へ落ちます。TPP締結後は、100パーセント植民地が完成するでしょう。

こんな国のかたちをだれが望んでいるのかと思います。沖縄やニューギニア、サイパンで死んでいった人たちが求めている日本ではないと思います。

未来のイメージ。ゆたかでゆかいな東アジア、美しい新しい沖縄

中村　未来については、どのように考えておられますか。

虫賀　外交能力を身につけ、中国、韓国・朝鮮とはしっかり和解し、ゆたかでゆかいな東アジア

をつくっていくことです。米国からは独立し、「戦後」を迎え、70年前の戦争を終結させること。軍事条約ではなく、友好条約を結ぶこと。米国であろうが、どこであろうが、今後は「外国軍の駐留は認めない」という一文を日本国憲法に付加することも必要かと考えます。

憲法も本当に変えるなら、国民投票をすればいいのです。沖縄から米軍基地がなくなれば、琉球王国のときのような美しい新しい沖縄が産まれていく。中国とも交流を通じて何かが産まれるでしょう。変わることを恐怖しなければ、実現可能です。

米軍基地にかかる諸経費を老人福祉に回せば、雇用が発生します。あらゆるものが今値上げされていますが、それも抑えることができます。農業自給率は国防の基本なのに、この国は「食べること」を軽んじてきました。運動のための運動はだれもが疲弊していきます。一人ひとり、イメージをしっかり持つことです。

中村　虫賀さんは、どのようなイメージを抱かれていますか。

虫賀　いのちの世界に戻っていくイメージです。平和豊かな日本がいつか実現していくという願いに、みなが気づけば近づいていきます。空気というのは、あらゆる生命体すべてが吸って吐いて、吸って吐いて、一生で何万回呼吸したかわからないけれど、その空気は残っているのです。生きた化石のように。

いつの日か花開くようにしようね、という願いは残り、みながそ

詩人のアーサー・ビナードさんが参加した「言葉を紡ぐ」の様子

うしたいと思えば、そこに近づいていく。そういうときが必ず来るだろうという感触があります。至らない社会を遺して死ぬけれど、種は残り、芽吹く日があるでしょう。音楽、文学、宗教、それぞれの分野でそれぞれのイメージを作ればいいのです。

中村　その種が、本や表現になって残っているから、今花開いているのでしょうね。

●本当にみじめでさみしいひとりであることから思考すること

虫賀　「ひとりひとり自分が抱えている問題を肥やしにして、語り、生きていく」と鶴見俊輔さんは言いました。93年間、鶴見さんがしてきたことです。

ふしぎなことに、今この国の危機に、逆接的に実りがある。一人ひとりが語り、選択していく芽吹きがあります。私が出遇った人たちは、同じような願いを持っていました。それが実現してきたと思います。

自分の問題を、イデオロギーに依存して語るのではなく、本当にみじめでさみしいひとりであることから思考することです。もう国家はいい。国家は最後の最後まで人をダシにする。国でないイメージを持つ。鶴見さんは、自分の実感のある根源的な言葉や問題を「親問題」と言いました。自分の中でこれを解決しないと死にきれないというテーマのことです。それが私の場合は、論楽社になっている。親問題がその人を表しますが、そこに立脚して、一人ひとりが言葉と憲法と平和を深め、紡ぐのです。

中村　私は、戦争と核のなくなった世界に風が吹く日を詩に書いていきますね。

市民が自立して自ら発信するメディアを作る。——表現の自由を保障する憲法21条そのものです

町田寿二　元・KBS京都ディレクター／京都三条ラジオカフェ理事

毎週月曜日の朝、京ことばのやわらかな挨拶から「ハロー！ラジオカフェ～おはようさんどす～」ははじまります。京ことばを交えた雰囲気の中、四季折々の京都の話題、世界の出来事からメディアの問題まで幅広く取り上げられています。放送開始から12年目、350回の放送を超えた番組を手がける、NPO放送局「京都三条ラジオカフェ」初代局長の町田寿二さんに、憲法と放送の原点についてうかがいました。

幼いときの戦争体験と、日本国憲法の公布

中村　町田さんは、1939年生まれ。幼いときに空襲を経験し、学校で日本国憲法を学んだ最初の世代ですね。町田さんはご自身で描かれた紙芝居風の画を携え、防空頭巾をかぶり、音響をつけて、小学校などで戦争体験を語っておられますね。

町田　1944年に空襲を避けるために、一家で東京から兵庫県の加古川に疎開をしました。し

あの日のことは忘れない

町田寿二

あの日のことは忘れない
押入れの中で「死ぬときは母さんと一緒よ！」と
母が私を痛いほど抱きしめ
叫ぶように言ったあの日のことを

終戦の直前　1945年の初夏だったと思う
まだ昼間というのに突如　ドドーン、バババーン…
爆音　機銃掃射の炸裂音
わが家の横は国鉄山陽本線
駅を発車したばかりの普通列車に
米軍の艦載機　グラマンが襲いかかったのだ

流れ弾は　我が家の屋根瓦を打ち砕き
壁を打ち抜いた　ガラガラ…ドドーン…
恐怖に震えた
この恐ろしさから一刻も早く逃れたい
「逃げようよっ！」　思わず言った
「だめ！　外へ出たら一発やられるわ！　死ぬときは
一緒よっ！」
母はさらに強く私を抱きしめた

やっとグラマンは去った「助かった！」と母
家の前が騒がしくなった　恐る恐る外を見た
機銃掃射を受けたばかりの列車から
人の群れが吐き出され、
倒れたまま動かない人
よたよたとお腹から吹き出る血を
両手で押さえながら助けを求める人
それはまるで地獄のようだった

そして終戦
もうこんな目には二度と会いたくない
学校で学んだ日本国憲法
先生が言った「これからの日本は軍隊を持たず、
永久に戦争をしない国になったんです」
「え～っ！　永久に戦争しないって！」
目の前がパッと明るくなったのを覚えている
あの感動は忘れない
あの恐怖とあの感動は忘れられない

かし、兵庫でも空襲が始まり、毎晩空襲警報が発令され、乳母車に米と水を積んで夜道を逃げる。焼夷弾で神戸方面は真っ赤に染まっている。6歳のときの記憶です。1945年の5月ごろ、空襲警報より早く、アメリカ軍のグラマン戦闘機が加古川駅を発車した旅客列車に機銃掃射しました。母が、「死ぬときは一緒に死ぬのよ！」と言って、押し入れの中で私を抱きしめていたことを、強烈に記憶しています。

中村　非戦闘員を狙った攻撃だったのですか。

町田　そうです、無差別です。米軍機が去ったあとの負傷した乗客たちの惨状も忘れられません。1945年8月15日に、家族で天皇の玉音放送を聴きました。小学校2年生のときに日本国憲法が公布されました。「みなさん、これからの日本は軍隊を持たず、永久に戦争をしない国になったんです」、という先生の言葉は忘れることができません。

●戦前戦後のラジオと、KBS京都への入社

中村　戦前戦後のラジオのこと、お話いただけますか。

町田　日本では1925年にラジオ放送がスタートしました。しかし、戦前戦中は放送電波を国家や軍部がにぎり、国民を総動員させる道具として使われました。戦後は憲法のもとに電波は民主化され、国民共有の財産となりました。

中村　私は東京から京都にきて、地域に根差したローカルメディアとお仕事をさせていただいています。ローカル局は、市民と作り手との距離が人間的で、ともに歩んでくださっているように感じます。

町田　私は、1960年KBS京都（当時はラジオ京都、1969年よりテレビ放送も開始）に入社し、1999年の定年退職までテレビとラジオの制作現場で働きました。地域の経済に支えられ、市民とともに歩むのが、ローカル局の使命だと思ってきました。思い起こしますと、たとえば市民が残していた戦争記録の掘り起こしや、京都にも「空襲があった！」という体験者の声を取材し放送しました。京都生協との共同制作では「平和」をテーマに米戦艦ブルーリッジの舞鶴港入港をテレビ中継し、抗議の意思を市民とともに放送しました。夜の地域情報番組では、スタジオに戦争当時の防空壕を再現したセットを大映労組の協力でつくり上げ、上岡龍太郎さんをキャスターに戦争の悲惨さ愚かさを訴えました。また手塚治虫さんをゲストに迎え、「鉄腕アトム」は平和のために活躍するヒーローとして生み出されたという話も印象に残っています。

1980年代に、全国的に学校が荒れた時代がありましたね。校内暴力や非行が問題となり、テレビニュースでは校長先生が謝罪をする場面が流され、学校教育にマイナスイメージが生まれました。

中村　当時、ドラマ「三年B組金八先生」でも、校内暴力で学校の窓ガラスが割られるシーンがありました。直江喜一さん演じる加藤優の逮捕シーンで、中島みゆきさんの「世情」が流れたのを鮮烈に覚えています。俳優の穂積隆信さん原作の「積み木くずし」も、本、映画、ドラマともに大ヒットしましたね。

町田　そんな中、「がんばっている学校現場こそ伝えなければ」という強い思いから、ドキュメンタリー番組を作りたいと思いました。教職員組合の先生方に、コーヒー2杯分のカンパで番組

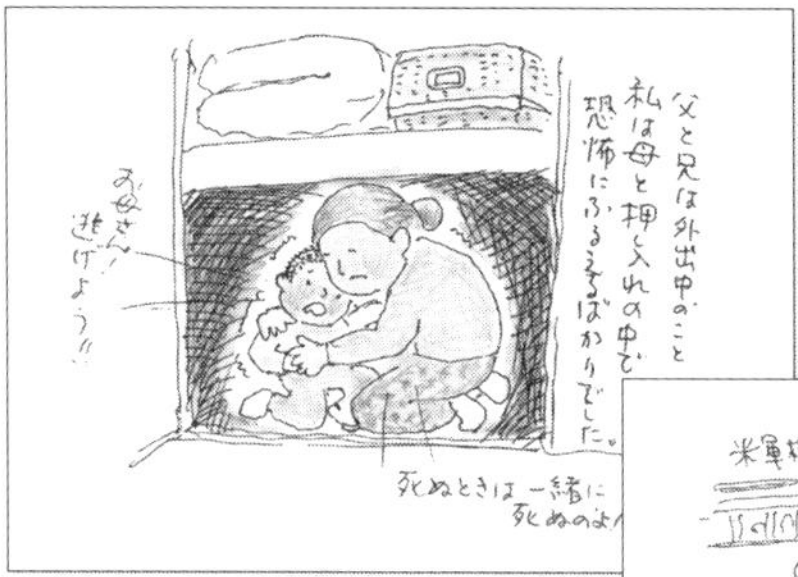

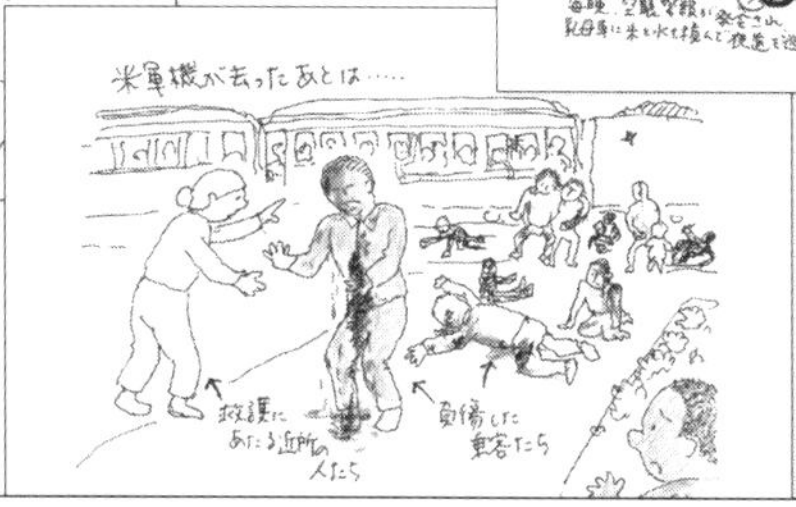

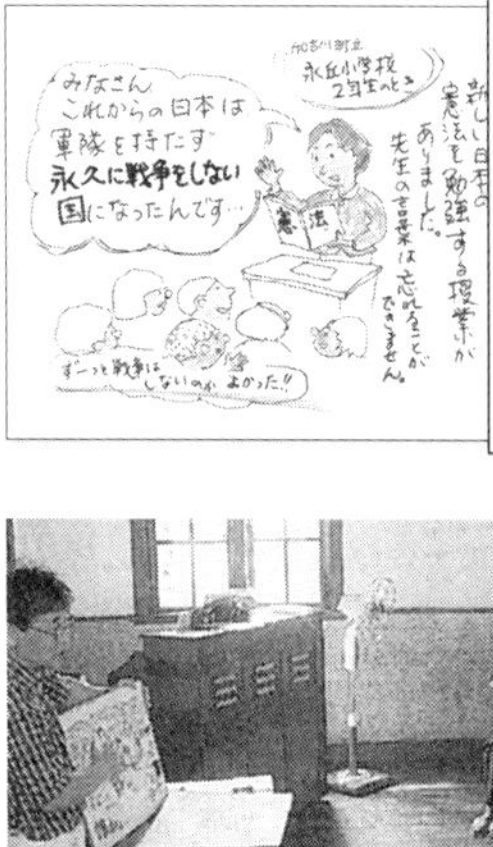

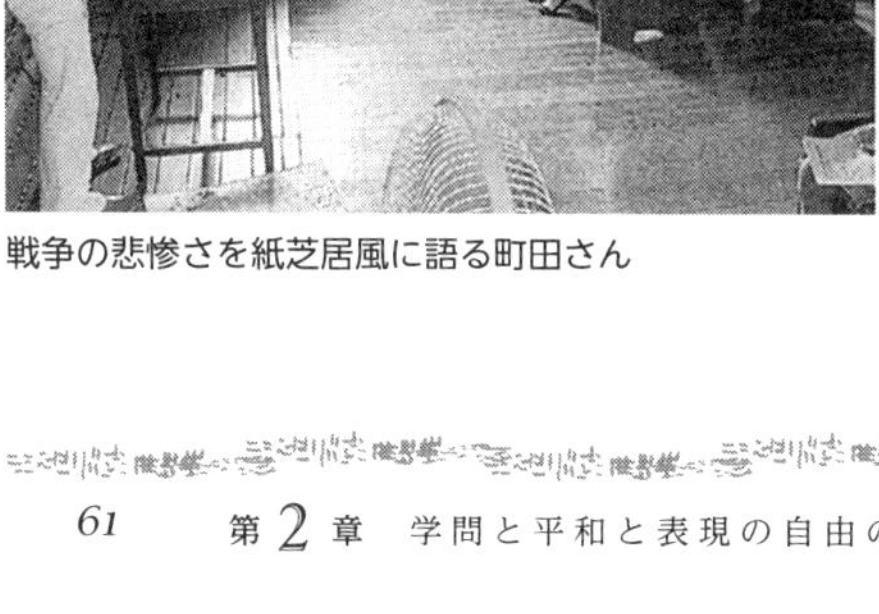
戦争の悲惨さを紙芝居風に語る町田さん

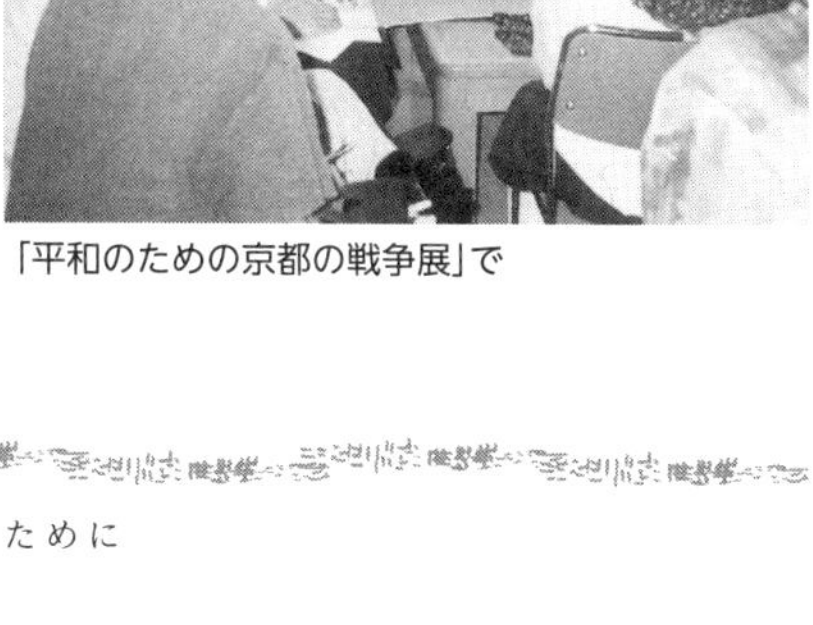

「平和のための京都の戦争展」で

制作費を募り、高石ともやさんにレポーターになってもらった番組「教育讃歌・高石ともやの学校キャラバン」(1986年放送)を作りました。

京都府北部の丹後地域は、今は米軍Xバンドレーダー基地で問題になっていますが、かつては学校教育では「西の文部省」と言われるくらい憲法に根差した民主教育——京都らしいすばらしい教育活動が地域ぐるみで展開されていました。全国メディアが「校内暴力」「非行」といった側面からしか教育の姿を伝えていない中、私たちは小さなローカル局ではあっても、学校現場の先生と子どもたち、そして地域ぐるみの素晴らしい活動に目を向けることによって「学校とは何か、学びとは何か」という教育の根本のところに迫ることができました。

ラジオカフェの設立

中村　そして、1999年にKBS京都を定年退職されるわけですが、その後ラジオカフェ設立にどのように関わられたのですか。

町田　ラジオカフェは、自発的な多くの市民の力によって立ち上げたもので、私もその中の一人なんです。私は定年して、「さあ、ゆっくりできる」と思っていたのですが(笑)。

この三条御幸町下ルのラジオカフェのある建物は、もともと毎日新聞の京都支局ビルだったのですが、建築家がこのビルを買い取り、文化的発信の拠点になさった。その流れで2000年ごろ、「市民の手でラジオ局をつくれないか」「京都市民の文化を発信できたら」という話が生まれました。それで、定年直前の私にも声がかかったのですが、市民でラジオ局を作るなんて無理な話だ、とそのとき思いました。

この建物にあるギャラリーの定休日の月曜夜7時、ラジオ局を作りたいという熱意で、仕事を終えた市民が続々と集まりました。この「月曜例会」は、学生、街のおじさん、お坊さん、環境問題に関わってきた方たち、商店街の街おこし活動をする方たち……、本当にさまざまな京都の町衆が集いました。狂言役者の茂山千之丞（故人）さんや映画監督の中島貞夫さんら、京都の文化人や京町衆が呼びかけ人になり、京都駅前の大学コンソーシアム京都で「市民ラジオが必要か」という公開シンポジウムを開催しました。予想を超える150人の方が集まり、その日のうちに設立準備会ができたのです。

中村　市民で文化を作って発信していく。京都の市民文化の草の根の強さは、ラジオ局まで作ってしまったのですね。しかし、困難もあったことと思います。

町田　設備資金が1つ目のハードルでした。機材やスタジオなど、初期費用3000万円を目標にしました。行政や経済界に頼らず、市民の自立した力だけで、1口100万円の募集が25口も集まり、本当に感動しました。そのお金でスタジオや機材が準備できたのです。

2つ目のハードルが放送免許。これを獲得するには2年かかりました。コミュニティFM局とはいえ、NPOが免許申請することは日本では前例がなかったからです。2003年1月に放送免許がおりたときは、もうみんなで万歳しました。今ではNPOのコミュニティFM局は30局近くありますが、ラジオカフェは草分けだったのです。今も「放送利用料」と会費で運営されていて、1分間500円、3分番組は1500円。「1500円で番組がもてるならいいなあ」と、京都市民が仕事や買い物のついでにラジオで話していきます。市民そのものがメディアとなって、今では100本を越える番組が市民の手で作られ放送されています。

●メディアを作る京町衆の底力は、憲法21条の表現の自由

町田　中村さんも、2012年から毎月「ポエムコラム」を担当してくださっていますね。この1年、番組の中でゲストの方たちが憲法を語ることが多くなりました。市民が自分の言葉で憲法を発信する。ラジオカフェの天井に貼った友禅染も、テーブルも、すべて手作りです。自らが自立して発信するメディアを作ってしまう京町衆の底力を感じます。それはまさに「表現の自由は、これを保障する」という憲法第21条そのものだと思いますね。祇園祭を京町衆が続けてきたように、自分たちの放送文化を作るという心意気で、このラジオカフェも12年目に入りました。

中村　普段は畑を耕している農民や、念仏をあげているお坊さん、美容院経営者、草の根シンガーたちが憲法を語り出す。「隠密京都人の正体は何!?」という疑問と驚きが、この連続インタビュー企画のはじまりです。お話をうかがって、隠密の正体が少しわかったように思います。これからも楽しく、ローカルから世界への発信を期待しています。

第三章

市民活動の現場から

金杉美和　弁護士／憲法カフェ講師

憲法は、為政者の暴走に歯止めをかけるもの。平和な空を支えていたのは憲法でした。

体育会航空部でパイロットを目指した学生時代から一転、伊藤真さん（伊藤塾塾長）の教えを受けて憲法に開眼した金杉美和さん。2年で司法試験を突破し、現在は2児の母。弁護士として、世界を見る目を一変させた憲法の素晴らしさを伝える、「憲法カフェ」の活動をしています。宝塚女優を思わせる長身の金杉さんの所属する京都法律事務所を訪ねました。

●自然と遊び、本ばかり読みふけった子ども時代

中村　大学時代、航空部で空を飛んでいた金杉さんが弁護士になり、憲法カフェの活動をしている背景をお聴きしたいです。子どものころのことから、聴かせていただけますか。

金杉　はい。私は両親の故郷の富山で育ちました。両親とも、子どもから見ても賢い人だったと思うんですが、家庭の事情で高校を中退して働いています。両親が結婚して京都に移り住み、私が3歳になるまでは、父親が勤務していたタクシー会社の社宅（太秦）に住んでいました。やが

て富山に戻って、父は運送業を始めて、早朝から夜遅くまで働きづめ。母も父を手伝いながら、バスガイドや結婚式の司会などをして多忙でした。だから、私はずっと祖父母と過ごしていました。テレビもおじいちゃんが見ている相撲くらいでほとんど見ず、ゲームもせず、学校では話題についていけなかった。「変な子」扱いで激しいイジメに遭ったこともあります。だから、雨の日以外は自然が遊び相手。山、森、小川、草原、竹藪で自由に遊んで、帰宅すると眠るまで本を読んでいました。

両親から勉強しろと言われたことも、塾に行かされたこともありません。でも、私が欲しがった本は必ず買ってくれました。

両親は、良心的保守の自民党員。政治や社会の話を家であまりしてはいませんでしたが、戦争については意識的に本を与えられたと思います。『ちいちゃんのかげおくり』『かわいそうなぞう』『一つの花』『ひろしまのピカ』『おとなになれなかった弟たちに…』。戦争に苦しむいのちの姿を語りかける本が、30年後の私の平和への願いの支柱になっていると思います。

中村　本を読みふけった想像力と感受性が、いまの政治の向こうにある戦争を読み解いているわけですね。

●航空部から弁護士に

中村　なぜ弁護士になったのか教えてください。

金杉　本を読むことが好きだったので、もともと国文学専攻だったんです。でも大学時代は文学部というより、体育会航空部漬けの生活でした。グライダー（エンジンのない航空機）で空を飛び回るには、年間6回の合宿で毎回5万円以上のお金がかかる。短期間でお金を稼ぐためにイベントコンパニオンをして、やがて北新地のクラブで働くようになりました。操縦教育証明、つまり「教官」になる試験を受けたとき、運輸省（現・国土交通省）航空局の試験官から、エアラインのパイロットにならないか、と誘っていただいたんです。そのために大学も2回留年したんですが、試験には失敗。失意のなか、空飛ぶ資金のために続けてきたホステスやナレーター、コンパニオンの仕事を1年半やりました。社会と断絶したようで、とても苦しい時期でしたね。

中途半端な覚悟と姿勢で仕事をする自分が耐えがたくなり、人間と社会に関わり続ける仕事がしたいと思ったとき、北新地で出会った弁護士を思い出しました。一念発起して2年間で司法試験に合格、1年半の司法修習生を経て弁護士になり、今年で11年目。刑事弁護の講師活動や、憲法の講演などで日本各地を飛び回っています。

航空部で、グライダーパイロットの時代

●空飛ぶ憲法カフェ講師

中村　金杉さんが「憲法カフェ」の講師をしているのは、多くの母親と同様、子どもたちを戦争に行かせたくないという願いからですか。

金杉　もちろんそれもありますが、それまで憲法なんて考えたこともなく、空ばかり飛んでいた私だからこそ伝えられる、憲法の本当の意味を伝えたい、という気持ちが強いんです。憲法は、為政者の暴走に歯止めをかけるもの。自民党の改憲草案は、「憲法はだれに対して守らせるべきものか」という前提から覆しています。

憲法の目的は、「すべて国民は、個人として尊重される」こと、そして私たちが生命を保障されて、自由で、そして幸福になることなんですね（個人の尊重・13条）。そのために、国に対して「こうしなさいよ」と命令した。憲法は、私たち市民を縛るものではなく、内閣・国会・法律・裁判所などの国家権力を縛るものなのです。

これを知ったとき「あ、そうなんだ」と目からウロコが落ちたんですね。違う考えの人がいても、他の人の権利を侵害しない限り、その考え方のままで幸福に生きられる社会を保障するのが憲法です。みんな違って、みんないいんだ。ちょっと「変な子」で他人と違った私には、ストンと胸に落ちました。それが、私と憲法との「出会い」です。

中村　憲法カフェで使用された「明日の自由を守る若手弁護士の会」の紙芝居では、権力者は権力を濫用するという前提で、

街頭で、集団的自衛権についてシール投票

権力に制約をかけるのが憲法、ということでしたね。

金杉 そうです。権力者は、権力を持たない人々を踏みにじるものだと痛感してきた人類の歴史があります。市民は立ち上がって、皇帝や国王に対して「これだけは最低限守りなさい」と自分たちの権利を主張してきたのです。憲法97条が「この憲法が日本国民に保障する基本的人権は、人類の多年にわたる自由獲得の努力の成果であって、これらの権利は、過去幾多の試練に堪え、現在及び将来の国民に対し、侵すことのできない永久の権利として信託されたものである。」と高らかに謳っているのは、そういうことです。

集団的自衛権の行使とは

中村 2014年7月、安倍内閣は、閣議決定で集団的自衛権の行使を認め、2015年5月には安全保障に関わる11の法案を国会に提出しました。安倍内閣の求める「集団的自衛権の行使」とは、どのようなものですか。

金杉 憲法を変えずに「戦争する国」にするための手続きです。これまでの憲法解釈では、9条により戦争放棄を謳っているけれど、国民の生命・身体を守るため、個別的自衛権の発動としての武力行使は認めてきた。

個別的自衛権というのは、武力攻撃を受けた国自身が、防衛のために武力を行使する権利のことです。集団的自衛権は、「自国と密接な関係にある外国に対する武力攻撃を、自国が直接攻撃をされていないのに実力阻止する権利」のこと。つまり、日本を守る権利ではなく、日本がアメリカを守る権利なのです。アメリカに対して武力攻撃があれば、日本が攻撃を受けていなくても、アメリカと一緒に戦争に行くということです。

中村　特定秘密保護法、沖縄辺野古の基地、京丹後の基地[1]、集団的自衛権……。政府は参戦の準備をしているようにも感じますが、具体的にはどのような戦争が想定されるでしょうか。

金杉　いちばん可能性が高くて危険なのは、これまでのＰＫＯ（国連平和維持活動）の枠組みを大幅に超えた「国際連携平和安全活動」という名のもとでの活動です。たとえば、２００１年のアフガン戦争では、タリバン政権を倒して、暫定政府が成立した後、ＩＳＡＦ（国際治安支援部隊）が現地の鎮圧・治安維持にあたりました。それから、２００３年のイラク戦争後の多国籍軍の活動。これらは国連が統括しない活動ですから、これまでのＰＫＯの一環として自衛隊は行けなかった。でも日本政府は、今回の安保法制でこうした活動にも参加できると答弁しています。ここに派兵されれば、自衛隊は保安のための監視、巡回、警護等の安全確保活動を行ないます。任務遂行のための武器使用も可能になり、現在戦闘が行なわれていない地域だとしても、自衛隊がいるところに残存勢力が攻めてきたら、安全確保のため武器を持って闘うことになります。

　アフガン戦争でもイラク戦争でも、市民を装った武装勢力と一般市民の区別がつかず、多くの武器も持たない子どもや女性が犠牲になってきました。自衛隊員が、治安維持のため現地を巡回

1　２０１４年、日本海に面した京都府京丹後市にある航空自衛隊経《きょう》ケ《が》岬《みさき》分屯基地に、弾道ミサイルを探知するレーダーを配備する米軍専用施設が建設された問題。周辺では市民団体などの抗議も行なわれた。

して危険を感じ、つい子どもを撃って殺してしまう。こんなことが本当に現実になるのです。もちろん、自衛隊員が殺される可能性もある。戦争を始めるためには、「テロとの戦い」「大量破壊兵器がある」など、どんな口実も作れます。石油のため、経済のための戦争に自衛隊が駆り出され、人を殺し・殺されるのが実態です。そんな戦争への道を政府は開こうとしているのです。

司法にできること、市民のできること

中村　安倍政権が、集団的自衛権の行使容認のような重大な方針変更を閣議決定という簡易な手続きで進めていくことは憲法違反であると、多くの憲法学者たちも発言しています。司法が政権の暴走を止めることはできますか。

金杉　憲法学者の違憲発言が続いたとき、菅官房長官や高村副総裁らは、「憲法の番人は憲法学者じゃなくて最高裁判所だ」と言い始めました。しかし、残念ながら、元最高裁判事らも憲法違反だとの意見を表明しても、肝心の裁判所は、抽象的に法律の違憲性そのものの審査をすることはできません。また、これまでも、高度な政治性を有する国家の行為についての問題は、政治の過程に委ねるべきだとして、司法判断をすることに消極的でした。司法のみで暴走を止めることは難しいと思います。

中村　では、安保法制が通ってしまった今、私たちにできることは何でしょうか。

金杉　3つあると思います。一つは、当たり前ですが、声をあげ続けることです。各地で、強行採決された9月19日を忘れないということで、毎月19日にデモや集会などが取り組まれています

が、「立憲主義を取り戻す日」でも「激怒記念日」でもいいですから、こうした「忘れない」取り組みをやっていきたい。

二つ目は、違憲訴訟です。難しくはありますが、それでも、私たちは怒っているんだ、許さないんだ、という強い決意を示して包囲網を作り上げるためにも、全国各地で大きな訴訟運動を提起することには意義があると思います。

最後に、やはり大切なのは、立憲主義を取り戻すには、憲法を守って政治をする国会や政府を作る、ということですよね。2016年夏の参議院選挙に向けて、それぞれの国会議員が安保法制にどんな判断をしたのか、市民に大きく広げていくことが必要です。2015年夏の安保法制に反対する大きな盛り上がりを、維持し、かつ発展させて、選挙にぶつけられるか。ここが正念場だと思います。私たち一人ひとりが、坂道を転げ落ちていく日本の立憲主義を食い止めるため、足を踏ん張っていかないと。私も、そのために憲法の意味を、それが壊されることの恐怖を、語り続けていきます。

反対と声をあげられることは、幸せなこと。母の語れなかった遺言が、僕にとっての憲法です。

村上敏明　元・京都市役所職員／満州引き揚げの経験者

81歳の村上敏明さんは、この4年間、雨の日も猛暑日も、毎週金曜日に京都駅前にある関西電力前に立ち続けました。村上さんは決して大声で訴えることはありません。いつも黙ってニコニコと傍にいます。そんな村上さんの行動の原点には、戦争と満州からの引き揚げ時のつらい記憶がありました。

戦後、日本国憲法が制定されたおかげで、今は、原発も戦争も反対と言える

中村　村上さんは、毎週金曜日に関電前で「原発反対」の意思表示を続けておられます。4年間、毎週続けてこられた理由をお聴かせ願えますか。

村上　原発事故後、京都府は、福島県・宮城県・茨城県など、災害救助法が適用された区域や福島の自主避難の方たちが避難できるよう、公営住宅で受け入れをしました。避難してきた方たちの多くは、子どもを連れたお母さんたちでした。子どもを安心して育てられるよう、関東からもたくさんの母子が京都に自力で部屋を借り、慣れない土地や慣習の中で、働きながら必死で子育

てをしています。

その方たちは、それまでの生活や仕事をすべて投げ打って、ただ子どもを守るために京都にやってきた。必死で逃げてきた姿が戦場の家族と重なったのです。責任を負うべき人が責任をとらず、市井の人が苦しみ、涙を流す。原発事故は戦争と似ています。母親と幼い子どもを見ると、戦争体験のせいか、いつも印象に残るのです。

私の母は、満州からの引き揚げのときに36歳で世を去りました。母親の世代は、「戦争は嫌や」と言えなかった。戦後、日本国憲法が制定されたおかげで、今は、原発も戦争も反対と言える。反対と声をあげられることは、幸せなことなのです。考えるときに考え、発言できるときに発言し、行動できるときに行動する。その一つが、関電前金曜デモ、通称「キンカンデモ」です。

満州での体験

中村　村上さんは、戦争で満州引き揚げのご経験がおありです。ご記憶や時代背景をお聴かせ願えますか。

村上　父が、京都市の左京区役所に勤務していたことがあり、この界隈はとても懐かしい場所です。大文字の送り火がぱあーっと美しかった幼児期を覚えています。

昭和7（1932）年に日本の傀儡政権である満州国ができました。長野や山形の農村中心に人を集めて、満州の旧ソ連との国境地帯で中国人の農地を乗っ取って、日本人を入植させる政策がありました。安倍首相の祖父の岸信介は、独自の統制経済論で満州を産業国家にしたてました。

消え去った記憶〜一九四六年の夏・七月と八月〜

村上敏明（終戦時五年生）

多くの記憶を失ってしまった十一歳の夏の記憶をよみがえらせようと思い立ったのは六十四年後の今、同窓の引き揚げ記録を読み、四平《しへい》で敗戦後日本人が、二五〇〇人も死亡ということを知ったからだ。

級友の九州にいる「小林」に改めて電話にて確認する。七月のあの日僕が、「家に走って来た。泣きじゃくりながら語っていた」と彼は言う。

一九四六年の夏・七月、妹フミコ一歳の死を。多くの人がフミコを囲み、見つめていた。母がフミコを抱いて、僕が透明の水薬をフミコに飲ませた。黒い瞳がジツと僕を見つめ、息を引き取った……と、小林は聞いたと。

妹フミコは栄養失調と下痢。長旅は無理と判断されたか、死が近いと宣告されたのか、それでこんなことをした僕。

弟にも聞く。「中国での七月のこと覚えているか?」

弟は答える。

「妹フミコは透明の液体の薬を飲まされた　すぐ後に死んだ」と。

四歳だった弟も、六十四年後も、忘れていなかった。

僕も、改めて記憶を探る。

南の川に面した高台へ、土葬。

小林は、七月十日、最後の大隊で引き揚げたという。

その数日前が妹フミコの戸籍上の死んだ日。

僕らは妹フミコの死の直後に四平を引き揚げた。

小林との再会は三十六年ぶりのことだった。

「お母さんは?」一番最初に聞いてくれた。

僕は答える。「葫蘆島《ころとう》の近くで亡くなった」

小林は、母のその後のことを気にしてくれていた。

小林の住んでいた町の中心部の紅梅町を通る僕たち家族を見送っていたとのこと。荷車の上に寝たままだった母を思って小林は心配していた。
僕はこのことを全く記憶していなかった。
母が、歩けなかったことを。

引き揚げ船に乗る葫蘆島への列車、その無蓋車を覆ったシートを指さしてつぶやいた母。「フミコ、フミコ」という母の声だけが僕の記憶にある。

母の死。葫蘆島では病院に母は収容され、僕が介護した。ある日医者の指示で僕が飲ませたのは、いつもと違う粉薬。その時、母が口から泡を吹きだしたのは、はっきり記憶している。

丘の上の母の埋葬地。今は人口二〇〇万人を超える大港湾都市。

一九四六年八月
美しい着物をかけたその上に土をかける。
いくつもある土饅頭のひとつになってしまった母。

八紘一宇……アジアの人々への圧政だったのね。これからは、アジアの人々と仲良くね。あんな加害行為もやめようね。私たちの命の分も生きて!! あなたの子や孫、私の孫や曾孫。いつまでも豊かに、平和に暮らせるよう!! あなたは努力して!

出典:旧満州・四平小学校同窓会記念誌
(二〇一〇年八月発行)

満州にて(1941年)

ノモンハン事件のあった昭和14（1939）年、父は南満州鉄道の関連会社の社員として、家族を連れて満州に渡りました。統治機構を整備するために、教員や行政職員が満州に送られたのです。20円の給与が40円、給与倍増でした。幼いころ、新京の寒い路地をひとりで歩いていた記憶があります。

満州で太平洋戦争が始まって、四平街（現・吉林省四平市）に移り、小学6年生までいました。四平街は、日本人中心の街でインフラもしっかりしていて、2万5000人も日本人がいました。昭和20（1945）年に敗戦、翌年の7月に日本に引き揚げました。戦後一年は内乱で、家に手りゅう弾が投げられるかもしれないという恐れがありましたが、恐怖も徐々に麻痺していきました。私の住んでいた街の中国人は、戦時中日本人にひどいことをされたのに、私たちが怖れたようなひどいことを日本人にしませんでした。

●語れなかった母の遺言が、憲法

中村　中国人には、日本人の子どもを残留孤児として育てた方も多かったですね。村上さんたちご家族はどうされましたか。

村上　父はシベリアに抑留され、11歳の僕は、母と8歳と4歳の弟、1歳の妹と満州にいました。引き揚げのときに、妹の芙美子は栄養失調で体がやつれていました。この子どもは連れて帰れないと日本人会の大人に宣言されて、母が妹を抱いて、僕が透明な液を飲ませたのです。

僕は、この引き揚げのころの記憶を長いこと失っていました。妹を殺めた日、小林君という同級生のところに、僕が泣いて駆けてきたというのですね。小林君は、僕を殴ってやろうかと思ったが、自分の母親に止められた。それを最近になって聞いて、妹を殺せ、と言った日本人会の幹部も悪いけれど、もっと方法はなかったのかと考えたのです。引き揚げるとき、病院や中国人に妹を預けたらよかった、と。

日本に引き揚げる船に乗る直前に母が動けなくなりました。葫蘆島《ころとう》（現・遼寧省葫芦島市）の病院に母は収容され、僕が介護しました。医者の指示で僕が飲ませたいつもと違う粉薬を飲んで、母は口からブクブクと泡を吹きだして亡くなりました。

昭和21（1946）年8月、弟と一緒に、美しい着物をかけた母の上に土をかけて、いくつもある土饅頭のひとつになりました。妹も土葬でした。そういうことが心に残っていて、ああいうことは二度と繰り返してはいけないと思っています。それが憲法につながっているのです。語れなかった母の遺言が、僕の憲法です。

中村　11歳の少年に、そのような罪を背負わせてしまう、それが戦争なのですね。私が村上さんのお母さんや妹さんなら、生き延びて、立派に生き続け、声をあげ続けてくださったことにお礼を言います。お母さんは、そのような時代状況の中で命を落としてご無念だったでしょうが、村上さんを誇りに思っていらっしゃるでしょう。ご自身を責めないで、と願っていらっしゃると思います。

戦後、日本に引き揚げてこられたのちの暮らし

中村 日本に引き揚げてこられたのちは、どうされていましたか。

村上 昭和26（1951）年に堀川高校定時制に入り、京都市役所の教育委員会で給仕として働いてきました。その後49年間、公務員として働きました。公務員は奉職のときに「憲法を守ります」と誓約します。

地方公務員法に、公務員は全体の奉仕者というのがあります。17年前に、カンボジアの難民集落を訪れて、京都の人だけでなく、世界の人という視座がないと奉仕はできない、と感覚的に思いました。だから、できるだけ人にやさしく、と思って過ごしています。それは、私が母と妹を「殺めてしまった」ことへの、反省、贖罪です。

戦争放棄と憲法

中村 村上さんにとっての憲法は、地方公務員としての公務の土台なのですね。戦争放棄と憲法には、村上さんのどのような心がいれられていますか。

村上 1945年にソ連が旧満州に侵入したとき、泣き出す赤ん坊の首を絞め、子どもを殺して逃避行を続けた日本人もいました。同じようなことを母も僕も行なったのですね。だから母は生きていくことができなかったのでしょう。僕にもずっとPTSD（心的外傷後ストレス障害）があって、大声をあげて泣くことも大笑いすることもできないのです。「村上さん、いつもにこにこしている」と言われますが、PTSDはこれからも克服できないだろうと思います。

自分の中に在る、母の語れなかった遺言。それが僕にとっての憲法なのです。母やかつての女性たちは、国のありように忍従した結果、悲惨な最期を迎えてしまいました。今のお母さんたちは立派です。今の激動の時代を変えていく力を持っています。

中村　女性の参政権が認められたのも、戦後の日本国憲法の制定によってでした。憲法の草案の一部は、アメリカのベアテ・シロタ・ゴードンさんが書かれましたが、男女平等は、日本だけでなく、人類の女性への長い抑圧の苦しみから産まれて、獲得した願いだと思います。2012年にお亡くなりになった作家の吉武輝子さんは、敗戦のとき15歳でした。「憲法が制定されたとき、青空がパーッと広がったの」とおっしゃた声と表情を思い出します。「平和憲法を無傷で次世代に手渡す」、吉武輝子さんの遺言として、私は胸に抱いています。

情報格差をなくすことの大切さ

中村　村上さんは、フェイスブックやツイッターを駆使されて、情報発信をされています。村上さんと同世代には、そのような方は多くはないかもしれませんが。

村上　敗戦の前、支配階級の人たちは情報を持っていて、満州から先に逃げました。僕たちは残された。原発事故のときも同様でした。情報が一部の特権階級にだけ伝わり、その人たちだけが生き残ることができる。図書館に勤めていたということもあり、情報格差をなくすのは大切だと思っています。インターネットがなければ、わからないことが多い。自分で情報を集めて発信する役割を担っていけたらと思っています。

中村　自分で主体的に情報を取らないと、原発事故も安保法制も、自民党の改憲案の中身もわからないままに、大変重要なことが強行決定されていきます。知って伝えることが第一歩ですね。

村上　僕らの暮らしへの予算が削られて、軍事費が5兆円も使われています。沖縄の基地増強、そしてオスプレイ、イージス艦が購入されている。みな、自分たちの税金が何に使われるかをあまり考えないのですが、知ってほしいと思います。

芙蓉の花とともに

中村　村上さんのお好きな芙蓉。酔芙蓉は、朝に開花するときは白花で、夕べに色づくときは赤なのですね。二つの表情を見せます。

村上　僕の大好きな芙蓉の花は、儚い一日花です。1歳で亡くなった妹の芙美子の花。芙美子と母と一緒に、これからも戦争と原発反対の声をあげ続けます。

※インタビューは、夏の雨の降る日、京都市左京区の法然院にて行なわれました。村上さんの子どものころのご記憶に残る懐かしい土地を歩きながら、美しい時の流れる法然院で、村上さんとお母様と芙美子さんの再会の場を作りたいと願いました。話を終えて外に出ると、雨はあがっていました。同席してくださった、貫主の梶田真章様に感謝いたします。（中村）

「酔芙蓉」の絵の前にて

第四章

いのちを歌え

鈴木君代　真宗大谷派僧侶／シンガーソングライター

兵丈無用《ひょうがむよう》。武器も兵隊もいらない。本来、仏法者は戦争に反対する存在です。

鈴木君代さんは、真宗大谷派（東本願寺）僧侶。神道の信仰を持つ家庭に育ち、「君が代」を名付けられた女の子は、6歳のとき両親の離婚により叔母の養子となり、小学5年生でお寺に預けられます。仏教の憲法と言われる『大無量寿経』の言葉、「兵丈無用＝武器も兵隊もいらない」を歌い続けるシンガーソングライター僧侶の原点を聴きました。

「殺さない、殺されない、殺させない」「いのちは皆、平等である」

中村　私は２０１２年に東京から京都に移住しましたが、お坊さんが脱原発活動の集会で話し、法衣と袈裟姿でデモをし、憲法を歌い、語る姿に驚きました。在朝鮮被爆者を考える集いでお会いした君代さんは、美しい花柄の黄色いワンピースでロングヘアー。その後、コンサートに来ませんか、というお誘いをいただいて、シンガーの女性のお坊さんとはいったい！　と思いました。君代さんは、そもそもなぜお坊さんなのですか。

鈴木　私はお寺の出身ではありません。女性の僧侶も寺院出身でない僧侶も、いまだ少数者。私は望んでお坊さんになったのです。一般には、寺院と神社の違いがわからない方も多いと思いますが、私は神道の信仰を持つ家の出身。母親は、天皇制国家と日本民族を絶対化し、侵略戦争に向かう教育を受けてきたのだと思います。先の戦争では、自分たちのみが被害者という考えは変わることはありませんでした。京都は平和と憲法教育が徹底していましたから、「日本もアジアの人たちにひどいことをしたんだよ」と小学校で学んだことを口にすると、母からは、容赦なく平手打ちがとんできました。

6歳のとき両親の離婚により、私たち姉弟は叔母の養子となりました。小学校4年生のとき、仲のよい友人に「お父さんのいない家の子とは遊ぶなと、お母さんに言われた」と言われ、今でいう過呼吸やパニック障害で病院に運ばれました。学校でいじめられ、何のために生まれてきたのかわからなくなっていました。

精神的にバランスを崩した私は、5年生のときお寺に預けられました。持っていた自殺の本をお坊さんに取り上げられ、本堂で「殺さない、殺されない、殺させない」「いのちは皆、平等である」と教わりました。「こんな私でも生きていていい」ということに、素直に頷くことができました。仏教を学ぶ大学に入り、そこで親鸞の「どんな人も、すべて、あなたがあなたのままで救われていく」という教えに出遇いました。卒業後、東本願寺（真宗大谷派）の宗務所に勤め、現実社会のただ中で生きて、泣いて、苦しんでも、悩みながら親鸞の教えを聴き続けていくという歩みが始まりました。戦争、差別、支配、ハンセン病、死刑、靖国などの問題が、自分の問題となってきたのです。

朝鮮半島出身者の遺骨調査を通じて、死者の願いを聴く

中村　最初に君代さんにお会いしたのは、２０１３年の8月6日。在朝鮮被爆者について考える集いでした。そのとき、かつて、朝鮮半島出身者の遺骨調査のお仕事をされていたとうかがいました。どのようなお仕事だったのですか。

鈴木　今から7、8年前、厚生労働省が全日本仏教会に、日本にある朝鮮半島出身者の遺骨調査を依頼しました。日本の植民地政策のもとで強制労働をさせられた朝鮮半島出身者の遺骨が、戦後調査・返還されないままになっていました。国としては政治的な「解決」を試みたのでしょう。お寺なら遺骨を預かっていないか、というご依頼だったのです。

　私は仏教寺院にうかがって、北海道から鹿児島までのたくさんの遺骨に遇いました。遺骨を納めた木箱には朝鮮半島のお名前がありました。まだちいさい人のお骨もありました。

　２００９年に、強制連行・強制労働犠牲者を考える「北海道フォーラム」という会に招いていただいて、本願寺派[1]の札幌別院で歌いました。この会は、戦争中、道内各地に朝鮮から強制的に連れてこられ、亡くなった方々の遺骨を、日本人と朝鮮・韓国の若者が一緒に発掘し、遺族への遺骨の返還に向けた歩みを続けておられます。

　強制連行は、１９３９年の「募集」から１９４２年には「官斡旋」

僧侶としての勤行（蓮如上人の御文拝読）

という名目で、1944年には「国民徴用令」の朝鮮半島適用によって行なわれました。役所が街や村に連行する人数を割り当て、ときには畑で働いている農民や通行中の労働者をトラックに積んで日本に連れてきたとも言われています。

北海道では、1935年から始まった朱鞠内《しゅまりない》から名寄《なよろ》間の鉄道工事、雨竜《うりゅう》ダム建設工事に、朝鮮半島から連れてこられた労働者が過酷な条件のもとで働かされ、多くの人が命を落としました。亡くなった方たちの遺体は工事現場近くの光顕寺に運び込まれ、その重さで床が抜けたと言われています。このお寺は今「笹の墓標展示館」として負の歴史を伝えています。強制連行で多くの方たちは、人間としてではなく「もの」として連行されました。封印された遺骨を探し、その人の名前を探すこと。その人を取り戻すこと。確かにその人が生きていたことを証し、人間性の回復が願われなければなりません。

中村　遺骨や死者を通じて、人間や歴史、戦争を見ておられるのですね。

鈴木　その人たちの声に耳を澄ませて、その人が生きた世界を感じる。その人たちが、どんな国を願っているのか。遺骨を通じて日本と韓国の若者が対話をする。加害と向き合いながらつながり、世界中の平和を願うことができると思って、北海道の住職たちはこの仕事をしておられます。

中村　私の祖父は韓国慶州から日本に来ています。戦争中は日本の皇民にされながら、戦後は国籍をはく奪された無権利状態。戸籍には当然不在ですし、墓石も日本名なのですね。祖父のい

1　浄土真宗本願寺派（本山を西本願寺に置く）。浄土真宗は現在、真宗教団連合加盟の10派ほか、諸派に分かれている。

のちを私もいつかたどってみたいです。永住外国人は、国民健康保険も適用されていなかった1970年代に、癌で自費の治療が継続できず亡くなりました。戦災孤児で捨てられていた在日コリアンの子どもを連れてきて、母たち姉妹の世話をしてもらいながら、ともに育てたようです。日本人の祖母や母たち姉妹も、祖父とともに差別や苦難の人生を歩みました。繰り返してほしくない歴史のために、非戦や基本的人権を謳った憲法が防波堤になっていると思っています。

鈴木　アメリカにいくら言われても、日本の国には憲法がありますから、「すみませんが、この国には憲法9条があるから戦争はしないのです」と高らかに言っていい。ベトナム戦争帰還兵のアレン・ネルソンさんは、石川県の浄土真宗のお寺に釋阿蓮《しゃくあれん》という法名で納骨されています。彼は帰還兵として、PTSDで苦しみ、家族からも見捨てられ、18年かかって、ようやく立ち直ったときに、憲法9条に出遇い感動されました。「憲法9条があれば、自分は戦争に行かなくて済んだのだ!」と思い、日本の各地で反戦の講演をして回られ亡くなりました。私たちは今一度、憲法9条の誓いにそれぞれの心をいれて、非暴力の思想を深めたいです。

仏法者は戦争に反対する存在

中村　君代さんの歌う「兵丈無用《ひょうがむよう》」には、どのような願いが込められていますか。

鈴木　浄土教の憲法と言われる『大無量寿経』に、「兵丈無用」という言葉があります。武器も兵隊もいらないという意味です。そのころから、戦争が絶えたことがないのです。『大無量寿経』の一番目の誓いである本願は、「この世に地獄・餓鬼・畜生である戦争・差別・抑圧があれば、私は悟りをひらきません」というものです。兵丈無用という言葉の前には、「国豊かにして民安らかなり」という言葉があります。本来、仏法者は戦争に反対する存在なのです。

中村　戦争放棄の憲法9条につながる願いですね。

鈴木　この国が愚かな戦争をして、アジアの人も自国民もたくさん亡くなって、その悲しみと祈りから産まれたのが憲法9条だと思います。戦争で亡くなった人たちが私たちに遺してくださった。ですから70年間、戦争で日本人は死んでいない。憲法9条は、世界の平和を日本から発信するためのものだ、と思います。

「兵戈無用」

作詞：鈴木君代

兵丈無用　あらゆる者は、暴力に怯える
兵丈無用　生きる者は、いのちは愛しい
おのが身に　引き比べて　殺してはならない
おのが身に　引き比べて　殺さしめてはならない
あなたに死んでもらいたくはない
あなたに人を殺してもらいたくもない
あらゆる人は暴力に怯える
人を殺すのにどんな正義もない
自分にひきあてて　世の祈りに心いれて

だれも世界中のだれも殺してはならない
だれも世界中のだれも殺さしめてはならない
人を殺すのにどんな正義もない
どんな戦争も正しいものはひとつもない
自分にひきあてて世の祈りに心いれて
兵丈無用　武器も兵隊もいらない
兵丈無用　世の中安穏《あんのん》なれ
兵丈無用　仏法ひろまれ
兵丈無用　武器も兵隊もいらない

憲法がどのような経緯で成立したかということではなくて、憲法のために70年間戦争しなかったことの意味を考え、憲法に心をいれ、武器と兵隊のない非暴力の思想を深め続けたいです。

喪われた人たちの願い、祈りが憲法

中村　憲法は「だれの願い、祈り」だったのでしょうね。GHQが草案を創った憲法であったとしても、言葉は彼ら自身のものではなくて、時代の宣言として時空から降りてくるように感じることがあります。

鈴木　原爆が爆発した瞬間、広島の銀行の前に座っていて影だけになってしまった人。確かにその人はそこにおられたのに喪われた。でも、そこに在る。その人たちが、二度と同じことを繰り返してほしくないと願ってくださっているのだ、と思います。喪われた人たちの願い、祈りが憲法だったのかもしれません。

中村　声なき人の声に耳を傾けることができれば、私たちは憲法に心をいれることができるでしょうか。

鈴木　法句経（ダンマ・パダ）というお経の中に、「恨みに対して恨みを持ってしたならば、恨みは止むことはない。恨みを棄ててこそ、恨みは止む」という内容の言葉があります。キリスト教なら右の頬を打たれたら左の頬を出しなさいと言うけれど、できない（笑）。できないけれど、

ライブで「いのち」を歌う

できない人間の業を抱えながら、非暴力を考える。

中村　非暴力・非戦というのは、「自分の中の許せない人を一人ひとり許していくことだ」と、批評家の若松英輔さんが講演でお話になっていました。私にとっては、相手の加害を受け止め、なぜ相手がそのようであるのかという愚かさと不幸を理解しようとすることです。私は無宗教無党派なので、ただ我が身の痛みと引き受けますが、本当につらく、勇気のいることです。君代さんは、非暴力、非戦に、どのようなイメージを抱いておられますか。

鈴木　すべてのものは移り変わり、滅びていきます。自然の風景だけでなく、私も私を取りまく風景も変わっていきます。ふるさとの懐かしい風景、山鳩たちがホロホロ鳴く風景、ただ一人いて、風に揺られて思う静かな夢、大好きなおばあさん。その一つひとつを大切に懐かしく思うこと。私の中では、そのことが、非戦につながっています。

戦争の悲しみから産まれたのが憲法9条。私は憲法と平和といのちを謳っていきたい。

川口真由美　障がい者施設代表／シンガー

２０１４年５月16日、京都市円山公園で「女たち・いのちの大行進」が開催されました。福島から避難してきた女たちと、原発や戦争はいらないと行動する京都の女たち、両者の出会いから自発的に紡ぎだされた草の根の集い。その全体司会を務めたのが、歌とダンスで平和を謳う川口真由美さん。彼女の歌い踊る姿は、京都の関電前の金曜デモ、四条河原町の交差点、あるいは沖縄・辺野古でと、多くの場所で見られます。

●辺野古は民主主義と平和の最後の砦

中村　真由美さんは、働き子育てをしながら、沖縄・辺野古の基地建設が予定されるゲート前で歌っています。原動力となる思いは、どのようなものですか。

川口　辺野古から日本がドミノ倒しに変わっていく――。ここは民主主義と平和の最後の砦だと思っています。その危機感から京都から辺野古に通って歌っています。

2番の歌詞にもある「ひやみかち　うまんちゅ（の会）」は、沖縄翁長雄志知事の選挙を応援した会で、「みんな立ち上がれ 万人で」という意味です。翁長さんの選挙は「豊かさって何?」をテーマに選挙を進めた。人のつらさが他人事になっている社会ですが、そこを考えていかなかったら、人間は道を外していく。高江には、「オスプレイ」着陸帯建設に反対して、24時間座り込みの抗議

「君には届かない―安倍政権、安倍晋三に歌う」
作詞作曲：川口真由美

基地はやめてと言っても聞かない君は
沖縄の人々の怒りがわからない
仮設に暮らしてるおばあたちの日々は
いつか帰れるか帰れる！　そう信じたい
君は歴史を書きかえてなかった事にして
被爆国としてどこへゆく子ども奪うな人生を奪うな
この国の人は　いつになったらみんなが立ち上がる
この国の人は　いつになったら立ち上がるの

ひやみかち　うまんちゅが豊かさと言った
豊かさってなんだろう日々考えちゃうよ
悲しみから生まれた平和への願い想像してごらん
ジョンレノンも言っていたさ
君は歴史を書きかえてなかったことにして
子ども奪って戦争へ心奪って暗闇を押し付ける
この国の人は　いつになったらみんなが立ち上がる
この国の人は　いつになったら立ち上がるの

テレビで嘘を言い人々を騙して
金のあるやつだけが生きのびようとしてる
原子力と戦争で人の命を削り削られた命を喰って腹
　黒く生きるのか
君は歴史を書きかえてなかったことにして
子ども奪って戦争へ心を奪って
人生を暗闇に押し付ける
この国の人は　いつになったらみんなが立ち上がる
この国の人は　いつになったら立ち上がるの

行動をしている人たちがいることを知ったとき、今まで自分は何をしていたのだろう、と思いました。

基地を造るために海を埋め立てるというのは、戦争以前の話です。人間も生き物だから自然の中で生きていくのが、生命として適っています。豊かさって何かということを、もう一度お母さんたちと考えたい。出産には、自分の自然が残っています。戦争に連れて行かれるために、殺し殺されるために子どもを産んだのではない。その一点で、母親たちは連帯できるのではないかと思うのです。

基地は人と人が殺し殺されるために必要なもの。戦争の悲しみから産まれたのが憲法9条なら、私は憲法と平和といのちを謳っていきたい。戦争と原子力の問題をこの歌を通じて語っていきたいと思っています。

中村　戦争と原子力に反対し、「豊かさを求める」ということですね。反対することの先には、どんな豊かさ、希望や生き方があるでしょうか。

川口　「沖縄の子どもたちの目のかがやきこそが日本を救う」と、教育に関わる方が話してくれました。人なつっこくて笑顔がいい。海が近いので、自然と向き合って遊んでいる。中学生でも「ねえね、ねえね」と寄ってくる。沖縄では戦争を語り継いできているから、「命どぅ宝（命が大事）」という考えが根付いている。いのちが輝いているんですね。

市井に流れる京都の憲法水脈

中村　真由美さんの憲法と平和への想いの原点は？

川口　21歳で子どもを産んで、3人目のときからひとりで育てていたので貧乏生活をしました。26歳から32歳までは、昼と夜の仕事をして生活しました。本当にきつくて泣きながら仕事に行くような状態だけれど、働かないと死んでしまう。女が子どもを連れて離婚すると極貧になる社会ってなんだろう。この社会は変だな、と思って憲法を学んだのです。

中村　女性がひとりで自活していく、さらに子どもとともにシングルマザーで生きることを可能にさせる給与を払う雇用、子育てと両立できる労働時間が日本社会に稀有というのがおかしい。だれにとっても他人事ではなく、女性、非正規雇用の貧困は深刻です。でも、そこで通常は憲法にいかないのだけれど。何かきっかけはありましたか。

川口　小学生のころ、団地に隣接する集会所で「パパママバイバイ」という映画を見ました。1977年の横浜の米軍機墜落事件で幼い子ども2人が亡くなった事件を描き、日米地位協定が底流のテーマになっています。小学校のときからそういう映画を集会所で見せるおばちゃんたちがいました。いま考えると、この団地の集会所が、私の活動の原点です。私のいた団地は、食べ物を分け合ったり学習会をしたり、人と人とが雑多に生きているようなところでした。そこで「憲法＝生きること」を学んだのかもしれないです。3人の子どものシングルマザーになったときも、周りの人たちが憲法を学べ、と言ってくれました。

中村　団地の集会所で日米地位協定の映画や「学習会」ですか！

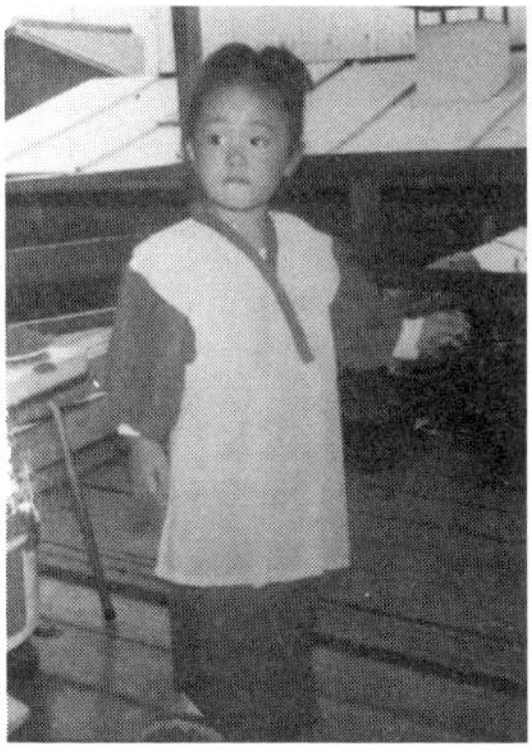
子どもの頃

京都の草の根憲法の力を感じます。自転車の籠に「9条守れ」と書いたおばちゃんが、ツー、と普通の顔をしてスーパーに乗り付ける。美容師さんや保育園の先生やお坊さんが、憲法を語り出すのです。

命がけで闘う障がい者たちの闘いの根に流れる憲法

中村　仕事を通じて考えた憲法は、どのようなものですか。

川口　戦争と福祉はコインの裏表のようなものです。社会がいのちを蔑ろにしても仕方ないという感性に陥っていく先に、福祉の切り捨てと戦争があります。

私は、昼はずっと障がい者施設で働いてきました。2005年に成立した「障害者自立支援法」の「応益負担（利用したサービスの量に応じて金銭を障がいのある当事者に負担させる）」は違憲として、障がい当事者が原告となった訴訟に強く感銘を受けました。障がい者が仕事をし、生きるための介助を受けるのに、自分で費用を負担しなくてはならない。この法律によって、「この子がいたら生きていけない」と、親子心中さえ起きました。

命がけで闘う当事者たちの闘いの根に憲法があったのです。この法律によって共同作業所の運営が困難に見舞われる中、歌と踊りで人と関わる障がい者就労支援施設「あろあろ」を設立しました。「あろあろ」は、ハワイ語でハイビスカス。ALOには、「たくさんの人に愛される、ともに分かち合う」という意味があります。

「あろあろ」という自由な作業所には社会を変え得る感性があると思っています。障がい者の作業所もおしゃれに美しくする。のびのびと、楽しく仕事にくる。生きること、表現すること、働くことが紡ぐ平和を自分たちで実践していく。この作業所の在り方や音楽を通じた発信で、社会に影響を与えたいと願っています。

自分の目指す社会の原型

中村　子どもたちの世代、社会には、どのような思いを抱いていますか。

川口　子どもたちには、みなと同じになることをよしとして、空気読め、という感覚があります。大人が生き方に個性を出して、かっこよく、楽しく、やさしく生きる。子どもたちや若い人たちが自分もそうなりたい、と思えるように私も表現していきたいと思っています。

先ほども話しましたが、団地の集会所は、いまの活動につながるコミュニケーションがたくさんあった場所です。たくさんの人に囲まれている日々は、家庭環境が複雑であっても、悩みを軽減してくれていました。大人も子どもも支え合って生きていた、そんな幼少時代の原風景こそが、自分の目指す社会の原型です。沖縄に行くと、子どもたちの明るさに支えられ、力を与えられていると感じることも多いです。沖縄の社会の中に、人と人とが支え合う原風景が存在しているのかもしれません。

沖縄辺野古にて

●人間のやさしさを　歌え、歌え、歌え

中村　真由美さんの「ケサラ」の歌声には、人を励ます力があります。この歌は、「ケ・サラ CHE SARA」（作詞・作曲は、J・フォンタナ、C・ペス、N・イタロ、F・ミグリアッチ）で、日本では岩谷時子さんの訳が有名だけれど、日本の戦後のうたごえ運動[1]の中では、にしむらよしあきさんという方の訳が歌われてきたようです。真由美さんの歌う歌詞は、中学校の先生が教えてくださったものを、記憶をたどって書き起こして歌っているというので、調べてみました。

川口　ありがとう！「軟弱者」は、笠木透さんの歌詞を歌っています。昔の歌であっても、今の時代と、闘う人々の中にある願いが、あたらしい歌として、立ち上がってきます。私は闘争で歌いたいわけではなく、命が大切にされる世界で、笑顔で歌いたいな。子どもたちは、辺野古に座り込んでいる私のことを、いつかわかるときが来ると思っています。沖縄の基地建設を止めることができれば、私たちは本当の民主主義を獲得できます。沖縄の人たちとともに、絶対に勝ち取りたいです。被爆国日本は、世界の平和のモデルにならないと。人々の声を拾ってくれる国会、やさしい社会を作らなければ。世界から戦争をなくしたいです。

1　戦後日本の音楽による社会運動である。歌声喫茶を拠点に、1950年代〜1960年代最盛期。

川口真由美さんの歌う「ケサラ」

おさえきれない怒り
こらえきれない悲しみ
そんなことの繰り返しだけど
決して負けはしないさ
ケサラ　ケサラ　ケサラ
僕たちの人生は　平和と自由求めて生きてゆけばいいのさ

いつも思い出すのは　平和のために身をささげた
名もない多くの友たちを　決して忘れはしないさ
ケサラ　ケサラ　ケサラ
僕たちの人生は　平和と自由求めて生きてゆけばいいのさ

広く高く大きく　明日に向かって力強く
人間のやさしさを歌え　歌え　歌え　歌え　歌え
歌え 歌え 歌え　人間のやさしさを歌え　歌え
あしたに向かって力強く　広く　高く　大きく
ケサラ　ケサラ　ケサラ　僕たちの人生は
平和と自由求めて生きてゆけばいいのさ

「軟弱者」(妙)　作詞：笠木透　作曲：増田康紀

この国を守るために
軍隊がなくてはならないとしたら
軍隊がなくては滅びてゆくとしたら
滅びてゆこうではないか

私たちは　どんなことがあっても　戦力は持たない
私たちは　なんと言われようと　戦争はしない
この国を守るために
核兵器がなくてはならないとしたら
核兵器がなくては滅びてゆくとしたら
滅びてゆこうではないか

軟弱者と笑うがいい
非暴力で滅びた国があったと
無抵抗で滅びた人びとがいたと
おろかにも滅びて行ったと

港健二郎　映画監督／脚本家

歌そのものには現実を動かす力はなくとも、石を持ちあげる共感力を響き合わせる力がある。

前章の川口真由美さん（シンガー・障がい者施設代表）を主人公にした長編ドキュメンタリー映画『炎の歌姫』（2016年春完成予定）を撮影中の港健二郎さん。港さんは、1947年福岡県大牟田生まれ。三井三池炭鉱の労働争議を目の当たりにして育ちました。戦後のエネルギー政策の転換と民衆の立ち上がる姿を見つめてきた監督の、メガホンの源流につながる憲法についてお聴きしました。

憲法9条をどう生かすのか

中村　港さんがお生まれになった1947年は、日本国憲法が制定された年ですね。港さんの作品歴を拝見して、日本のエネルギー政策の転換や高度経済成長など、時代に翻弄されつつ生きる市井の人の姿を感じました。港さんは、憲法についてどのような立ち位置でいらっしゃいますか。

港　僕は、大きな枠でいえば護憲ではなく「改憲論」です。日本の憲法はシステムとしての天皇制を容認していて、本質的に考えれば欠陥憲法と言わざるを得ない。しかし、2015年の現政権のもとでは「護憲」。憲法9条を守れです。

中村　戦後の天皇の人間宣言と、占領統治のための象徴天皇制。たしかに、敗戦後のねじれた政治状況から日本国憲法が成立したことは否めません。しかし自民党の改憲草案には、主権在民が削除され「天皇を元首にする」とありますね。

港　また天皇を政治的に利用しようとしている。どんな政治か、それは戦争ですね。しかし今上天皇は日本国憲法順守、非戦の思想です。現政権のもとで改憲したとしたら、どちらの方向に向かうのか。安全保障関連法を一方的に強行採決する人たちが、国民に改憲草案の詳細を示して説明するとは思えません。改憲されたあとに、国民が「読んでいなかった」では済まないことが、自民党改憲草案には多く書かれていますね。

中村　自衛隊や米軍基地のことも含めて、民意の選択と違和感ない「平和」が実現されているか。「憲法解釈」か「違憲」か。国会と憲法学者や有権者の受け止めに、随分と振れ幅があることを考えると、「改憲」の前にまずは民主主義を取り戻し、対話と学び、議論が必要だと感じています。

港　リアリスティックに考えて、憲法9条をどう生かして日本が立ち回るか。今はここの議論が大切なのだろうなと思っています。僕の世代にとっては、憲法は空気のように前提としてあり普遍的なものです。公務員や国会議員も含めて憲法順守の義務があるわけですが、今の首相はそこを無視しています。安保法制を国民が理解するしない以前に、首相としても国会議員としてもありえないわけです。

日本のエネルギー政策の転換と三井三池闘争

中村　港さんのお父さんは、三井三池炭鉱の社員だったそうですが、日本のエネルギー政策の転換を目の当たりにされてきたのではないかと思います。

港　祖父が与論島の出身で、親父は丁稚奉公で三井三池炭鉱の現地採用社員でした。そこから登用されて本社の社員になりました。当時の日本の主要エネルギーは石炭でした。官の仕事を民間におろして、三井は大きな企業として発展していきました。そこでは囚人労働も行なわれていたと聞いています。

中村　明治31（1898）年に、与論島は台風による災害や日照りで苦難に見舞われ、餓死者が出て、悪疫が流行しました。そこで、「三井鉱山の関係者が、島の人々を石炭の置き積みに使役のため、集団移住させた」と、森崎和江さんの「与論島とその分村」という文章にありました。

港　戦争中、親父は新義州という北朝鮮と中国の国境の街で「三井軽金属」という軍需工場に出向しました。戦争が終わり、北朝鮮からの引き揚げのときに兄が餓死しました。日本に帰還後、父は結核にり患していたこともあり、三井三池炭鉱の病院の事務職員になります。三井三池炭鉱の労働者からしたら、父の職制も「支配者層」になるわけです。1952年に人員整理が始まります。マルクス主義経済学の第一人者、九州大教授の向坂《さきさか》逸郎が、のちに労働組合の幹部になる人たちと学習会をしました。それが、1959年～1960年の三池闘争の土台となったわけです。

炭鉱現場での闘いが激しくなり、職員と労働者も利害が対立していきます。父のような職員は、会社の命じた職務を実行し労働者を統率する立場です。私はこの労働争議のころ、小6から中1で、「なぜ給料もらっている会社にたてつくんや」という感覚を持っていました。

中村　お父さんもひとりの職員、労働者でありながら、炭鉱に潜る労働者から突き上げられる。互いに苦しかったでしょうね。

港　炭鉱労働は暗闇の中で命を預け合ってするような仕事で、炭鉱住宅に住み、集団で暮らしも分け合っているのです。そこに労働組合という理念的な活動が入る。でも、その団結を分断するために第二組合が作られ、対立させられる。だから組合分断の憎しみは、命と暮らしを分け合ってきた故により深いのです。でも、それぞれの人々も暮らしや家族というあまりにも重いものを背負っている。理念では闘いきれません。労働者が立場により分断されることで、利益を得るのは結局資本なのですね。

三池闘争は、単に一企業の人員整理をめぐる労働者と資本の対立ではなく、価値観の転換をどう選択するか、ということだったと思います。協働して働く者の価値観で生きるか、資本側の論理で社会全体を豊かにしていくか。石油オンリーの国になるか、石炭も日本のエネルギー資源として残すか、というエネルギー政策も議論のひとつでした。三池闘争は、アメリカからの経済的自立と政治的自立という意味で安保闘争との結びつきも強く、時代の象徴的な闘いだったのです。

●右翼民族派と恋愛体験から顔を出した、三池闘争と与論島

中村　大学のときに大牟田から東京に来られたのでしたね。どのような時代でしたか。

港　1966年に私が早稲田大学に入学したころは、学費値上げ反対闘争の最中でした。私は日本学生同盟という右翼民族派に関わっていましたし、自民党素心会という真正保守を目指しアメリカの押し付け憲法に反対して改憲を目指す人たちとも関わっていました。しかし、右も左も、生活の実感から離れた議論に違和感があった。三池闘争の体験が自分の中に顔を出してきたのです。

中村　港さんの時代は、イデオロギーで思考する枠が時代的にも大きかったのでしょうね。今、良心的保守の方たちも多くが改憲や安全保障関連法に反対しています。左右でもなく、運動という自覚や意識でもなく、個人の良心や尊厳に照らして声をあげているというのが、原発事故以降の市民の声のあげ方だと思っています。それは、その当時の港さんの感じられた「違和感」に近く、生活に根差した声だと思います。

港　人を変えるのは、生活と恋愛だと思うんです。自分が変わったのは恋愛でした。高校の後輩で早稲田に入学してきた恋人は、三井化学という石炭化学コンビナートの幹部のお嬢さんでした。石炭から化学染料などを作るのが石炭化学コンビナートです。筑豊や夕張は炭鉱が閉山になって活力が失われたけれど、大牟田は石炭化学コンビナートの街として生き

三井三池闘争（1960年）　組合員を強制排除しようとする警官隊

残りました。今は随分寂しくなりましたけれど街の骨格は残っています。

中村　筑豊や夕張の炭鉱のことは、映画や小説やルポでも随分取り上げられましたね。森崎和江さんの作品[1]では、炭坑の地底で命を預け合って声をかけあう、労働する人間の精神性や肉体、人間性が、肉声として耳元に感じられます。今は、原発労働者の声もなかなか伝わってこない。伝えるためには、聴く人が必要なのだと思います。「労働者」と「中産階級」という職業階層が、港さんの時代は明確に差別としても、特権としても実感として存在したのでしょうか。

港　恋人の持っている価値観は、中産階級的なお嬢さんのもので生活感も異なります。自分はやっぱり労働者の子だという自覚が深まりました。与論島出身者への差別も自覚し、与論島に源流のある自分に目覚めたのも、早稲田のときでした。

原発推進映画も作った鹿島時代

中村　その後、映像制作に関わるようになったのは、どのような経緯ですか？

港　映画を撮りたくて、早稲田を卒業して、鹿島建設関連会社の鹿島映画社（現・カジマビジョン）に就職しました。鹿島は、外務省や資源エネルギー庁との関わりも深く、原発の推進映画『原子力の信頼性を求めて』（資源エネルギー庁）も作りました。

1　森崎和江さんは、朝鮮半島からの引き揚げののち、福岡の炭鉱地帯に移り住み、地の底で働く人たちの声の聴き書きをした。『まっくら』（三一書房）『奈落の神々　炭坑労働精神史』（平凡社）などがある。

日本のような地震の多い国で、安全な原発を作れるかという不安の声が世論にありました。資源エネルギー庁で、その不安を払拭できるような映画を作ってほしいということでした。この映画の撮影のために、稼働前の浜岡原発の原子炉格納容器の中にも入りました。潜水艦の中のような場所です。原子炉に使用するたとえば、パイプやバルブの耐久試験は過酷です。実際の原子炉の稼働状況に近い高温、高圧を再現して何千回、何万回とテストを繰り返します。すると起きるのが、応力腐食割れ。金属の特性でやむをえないのですが、太いパイプがパカッと割れるのです。その映像も撮りましたが、原子力推進の映画に使えるはずはありませんでしたがね（笑）。原発のもうひとつの弱点で、1年の内に3か月も止めて部品を点検し修理したりしないと使えない、大変効率が悪い「発電装置」だということが意外と知られていませんね。

さらに、原発はたえず被ばく者を生み出す装置だということを目の当たりにしました。福島第1原発のような沸騰水型の場合、原子炉の下から炉心に制御棒を入れますが、その入れ替えを当時は人がしていました。人間にやらせるような仕事ではありません。使用済み燃料棒の扱いもずさんでした。もう二度とこのような映画は作れない、と思いました。

そして79年にスリーマイル島原子力発電所事故がおきて、会社から「港は原発の映画を作るのがうまいから、この事故の真相を軽く見せるための映画を作れ」と言われたのですが、断固拒否しました。幹部に相当責められましたが、歯を食いしばって耐えました。今の東電もそうですが、生活がかかっているときに、業務命令を拒否できるかは重い問題ですね。鹿島映画には12年間いましたが、82年にフリーランスとして独立しました。

中村　今の自衛隊の方もそうですね。苦しんでおられると思います。組織内にいる人にとっては、家族の暮らし、労働、業務命令という局面を脇に置いての自己決定は苦しい選択です。そういったときに、原発や武器を作る会社の労働組合が「働く」ということをどう考えるのか、思想と行動が再び問われる時代ですね。

一つの連帯を生む力となるのが歌の力

港　最後は防衛産業が利するでしょう。理念のぶつかり合いではないのです。政治権力や経済権力の話です。我々は文化的なもので、人々の意識を一人ひとり自立した共同と協働に向かわせるしかないのです。教育や文化の役割があるとしたら、そのようなことだと思います。しかし、権力は教育を支配しようとしますね。

中村　教育基本法や教科書検定の改悪など、安保だけでなく、差し迫った問題があります。港さんが撮られた、長編ドキュメンタリー映画『荒木栄の歌が聞こえる』（２００９年）は、歌で三井三池闘争を励ました荒木栄さんのドキュメンタリーですね。

港　社会運動のひとつとして、戦後すぐから今に続くうたごえ運動というものがあります。「団結頑張ろう」という三池闘争の現場から歌を作ったのが、荒木栄です。いずみたくさんもうたごえ運動から出てきた方です。詩人の小森香子さんの「青い空は」（作曲・大西進）という歌も、平和のうたごえ運動としてよく歌われました。今は、世代も異なるから、うたごえで荒木栄を越えるような人が出てきづらいのでしょうね。

中村　非正規雇用も増えて、労働者の団結、組合加入、社会運動、学生運動の経験のない方がほとんどだと思います。それでも原発事故のあと、個々人が組織されずに立ち上がってきた原発反対や安保反対の声は、個が自立して共同し、協働する始まりなのではないかと希望を持ちます。

港　闘いの現場で歌っていた京都の川口真由美さんを、フェイスブックで知りました。彼女は、1975年生まれですが、荒木栄の感性に近いと思います。時代の中で、民衆の声をつかみ取っていく歌を作ることができる。大衆から力をもらって成長していく。川口さんは、障がい者違憲訴訟運動に参加するなかで、人の命の重さや平和の大切さを知り、2014年夏、沖縄辺野古の基地問題に向き合って、その想いはさらに深まったと言います。

一つの連帯を生む力となるのが歌の力、勇気をもらえるのが歌だと信じたいのです。歌そのものには現実を動かす力はなくとも、石を持ちあげる共感力を響き合わせる力があります。辺野古のゲート前に川口さんを撮影に行き、前進してくるトラックに身を呈して基地建設を阻止しようと座りこみ、警官に排除されても繰り返し座り込む姿にカメラを通じて向き合いました。何が彼女にそこまでさせる力を生み出させているのか。

中村　先日、彼女の生まれ育ったという団地や、京都の草の根憲法力を感じさせてくれた映画の自主上映の再現にも、聴き役として参加させていただきました。

彼女には、苦しかった子ども時代の記憶がある。だからこそ、何が人を明日につなぐことができるのか、実感として体内に感覚を持っているんですね。人の痛みを感じ取る力、想像力、思いやり。あのうたごえの源流は、やはり子ども時代にあったと感じました。それは、技術的に学んだとしても得られない、彼女の精神性と肉体と経験なんですね。

港　彼女の中にある、平和、人権、憲法への思いを、見届けたいと思っています。長編ドキュメンタリー映画『炎の歌姫』は、2016年春に完成予定です。この『憲法と京都』の本とともに、京都から産まれた平和への願いとして、一人でも多くの人の心に届いたらいいな、と思っています。

『炎の歌姫』2016年春完成予定

第五章

言葉と教育

憲法水脈

蒔田直子　同志社大学寮・寮母

「私はもう黙らない」と決めた。在日1世オモニの語れなかった言葉を聴いた日。

同志社大学の女子学生たちと暮らしながら、多忙な毎日を縫って市民活動に参加する寮母の蒔田直子さん。在日コリアンの女性たちの識字教室「オモニ学校」や外国籍の家族を持つ女性たちによる「国際結婚を考える会」など、さまざまな運動の原点には、「奪われてきた人たち」との出会いがありました。

1970年代、ベ平連、学費値上げ反対、自己否定、挫折……

中村　蒔田さんは、1973年に静岡から同志社大学に入学するために京都にいらして、その後京都で暮らし、働き、子育てをし、活発に市民活動の場に登場しています。京都に来た当時はどのような時代でしたか。

蒔田　ベトナム戦争が終盤を迎え、軍事政権下の韓国で民主化闘争が巻き起こったときでした。71年、京都で生まれ育った在日韓国人の徐勝《ソスン》さんが、ソウル大学大学院に留学中に逮捕され、大火傷を負う拷問を受けました。詩人の金芝河《キムジハ》さんらも民主化運動に連座して逮捕され、後に大統領になる金大中《キムデジュン》氏の拉致事件や、同志社大学の同年代の在日韓国人の学生たちが、韓国留学中に政治犯として逮捕される事件も起こりました。

鶴見俊輔さんをはじめ、京都のベ平連（ベトナムに平和を！ 市民連合）の人たちが、その当時京都で「金芝河氏らを殺すな」というデモを始めたのです。私は大学が面白くなかったので、「ほんやら洞」[1]という喫茶店でアルバイトをしていたら、鶴見さんから「僕たちはこういうことで街を歩きます」と誘われて、初めてデモに参加したのです。拷問とか「政治犯」という言葉に震え上がり、頭ではなくて先に体で動いてしまった。気づいたらもうそこにいる。ずうっとそうなんですけど（笑）。

その後、同志社大学は学費値上げ反対のストライキになりました。そのときに、「だれのために何のために学ぶのか」と学生たちが自主ゼミを開き、自分自身に問うたのです。それは私にとってとてもしんどい自己否定の作業でした。全共闘運動の一つの思想の流れだったと思います。全共闘運動って私が高校生のときにすでに終わっていましたが、同志社には残り火がありましたから。

中村　学生運動を知らない世代としては、「自己否定」「挫折」というのは、実感としてはわからないのです。「挫折」も何も、実経験のない年齢。自己嫌悪というのなら、よくわかるんですが。

1　70年代からの京都の市民運動、反戦活動、南ベトナム・韓国の政治犯救援運動や詩人たちのポエトリー・リーディング等の中心的拠点、若者のカウンターカルチャーの象徴的な喫茶店だった。2015年1月不審火により全焼。

蒔田　私の場合は、在日コリアンの存在や差別の現状を何も知らずにのうのうと生きてきたそれまでの自分は何だったのか、という問いと重なりました。当時の大学生は、やはり恵まれた階層だったと思うし、社会の中で構造的にだれかを踏みつけて生きてきたのではないかという思いもありました。今の学生たちは、ここの寮生も奨学金とアルバイトで仕送りなしで卒業していく人たちも多いけれど……。当時、若くて激しかったから精神的に自分を追いつめてしまって、崖っぷちに立っているような、人生で一番死に近いところにいました。私は病んでいったほうだけれど、そういう状態で運動に参加するのはよくないですね。罪悪感が根底にあると過激になってしまいますから。

中村　高度経済成長のころは、中学や高校を卒業して働くのが主流だったでしょうし、女子の四年生大学進学は少数でしたね。自分自身を問うという作業は苦しいことですが、その時代に育まれた運動や文化も多くあったことと思います。

「生きている人」「あたたかい人たち」との出会い

蒔田　引きこもりに近い状態で休学し、働いていたころに牧師さんに誘われて大阪の生野区のキリスト教会で行なわれていたオモニ（韓国語：お母さん）たちの識字学級「オモニ学校《ハッキョ》」に行ったのです。そこには厳しい差別の中で頭を上げて「生きている人」「あたたかい人たち」がいた。オモニたちは、在日コリアン1世で、日本語の読み書きができない。ちょうど今の私と同じ、60歳前後の方たちです。日本人の自分の「差別者」の立場に恐れおののきながら行ったわけですが、私は「若い先生」なんて呼ばれて迎えられて。私たち日本の若い学生は、普通に年上の女性に対する態度でいただけなのに、オモニたちに「こんなに大切に扱われたことはない」と言われる。今までどんな思いをしてきたのかとショックでした。私はとても罪悪感をまとって行っているのに、そこに行ったとたんに、自分が丸裸にされて抱っこされてしまうような安堵がありました。喜ばれて大事にされたからといって、日本人の私が喜んで行っていいのだろうかと悩みました。でも、1週間に一度、オモニたちと出会うのが、どうしようもない喜びだったのです。

中村　在日1世の世代の方たちなのですね。私の友人の在日は2世3世なので、日本語を「母語」としていますが、1世で日本に来られた方たちは、日本語の書き言葉を学ぶことに、抵抗もあったことでしょうね。

文字を知ったら世界が明るい

中村　オモニ学校の様子を教えてください。オモニたちと出会う喜び。それはどんなことだったのですか。

蒔田　日本の植民地だった朝鮮半島からここまでたどり着いた自分史を、オモニたちが語り、私たちもまた自分のことを語り合うのがとても貴重な経験でした。オモニたちは半世紀を日本で暮らしながら学校に通うことができず、文字を持つことができませんでした。読み書きを勉強したいという強い願いがありました。

その後、京都の東九条でもオモニ学校が始まり、東九条に通うようになりました。「文字を学んだ後、うれしくて踊りながら帰った」「文字を知ったら世界が明るい」と言われて、ハッとして。「あのバスがどこに行くバスだかわかるようになった」「切符が買えるようになった」と話してくださる。そのリアリティーと詩的想像力にうたれました。私はその経験を共有できないけれど、そばにいて全力で聴く。聴く人がいなかったら、語られない言葉というのがあるでしょう。

朝鮮半島と日本の歴史を、生きているオモニたちの深い愛を注がれながら教わる場。在日も日本人も、世代も超えて、色々な方が参加して、会話をしながら意識の塀を超えていく試みだったと思います。私たちもハングルを学んで、相手の言葉を知る。在日の若者たちは、「在日1世のオモニが、なぜ今さら日本語を学ばなくてはならないんだ」とたまらない思いをぶつけることもありました。その怒りの感情の背景を考え、日本人の参加者は生きた学びをする。そこでは恋愛がたくさん生まれました（笑）。お互い枠を超えて出会う場だったのでしょう。自分が新しく産みなおされていくような経験でした。

中村　オモニたちにとっても、文字を学び、日本の若者たちと出会い、それまでとは異なる日本社会と世界に出会う、産みなおされる場だったのかもしれないですね。日本語の読み書きが切実に必要というだけでなく、仲間に会えておしゃべりや相談ができる場は大切だったのでしょう。

蒔田　オモニたちも、踊ったりおいしいものを食べたり楽しそうでした。女性たちが休むことを許されないしんどい暮らしの中で、家族のしがらみからも自由な、解放区のような場所だったのかもしれません。

「なぜ日本に来たのか」という自分自身の歴史を語る中で、「挺身隊に取られるから、親がそこから逃すために結婚させ、日本に渡った」というオモニたちも多くいました。オモニたちが挺身隊と言っているのは、いわゆる「従軍慰安婦」のことです。当時、植民地朝鮮では「挺身隊にとられる」＝「慰安婦にされる」ということだったのです。時代の中で、朝鮮半島の女性たちが個人ではなく世代として経験した被害なのだ、ということに初めて気づかされました。生きた歴史を学ぶ経験をさせてもらいました。

「私はもう黙らない」

中村　被差別の経験は、あまりにひどいこともあって、聴くと怒りで消耗を感じることもあります。でも、蒔田さんは、自分自身が与えられてきた喜びをお持ちなのですね。

蒔田　高校生のときに、山崎朋子さんの『サンダカン八番娼館――底辺女性史序章』を読んで、文字にならない歴史があることを知ったのです。「私はそれを探しに行く！」と即座に決めました。飛び込んでいって聴きたいんですね。

後年、若い人たちと「従軍慰安婦」にされた女性たちの話を聴く場も作ってきました。つらい体験を語る被害女性たちは「サバイバー」[2]で、語ることで大きなハードルを越えてきた人たちでした。人間が尊厳を取り戻していく過程に立ち会わせていただいたと思っています。語ることによって、人間が尊厳を獲得し変身していく姿のそばにいて、痛みを感じながら自分たちも育てられた

2　“survivor”　戦争や災害、事故、事件、虐待などから、奇跡的に生還を遂げた人のこと。

のだと思うのです。

オモニたちの被差別の体験はあまりにも凄まじいものだったし、文字が書けないことを馬鹿にされてきたり、暮らしのあらゆる場面で襲いかかる差別の屈辱にじっと耐えてきて、澱のように体の中に苦しみがたまっている。それが、言葉にできたことで、オモニたちの体から、言葉から、ぬくもりから、痛みと尊厳が立ち上がってくるのが感じられました。

言葉を持って話し、書き、まして「お上」にもの申すことができるのは「特権階級」だと思いました。1世のオモニたちが黙って忍んできた理不尽を、「私はもう黙らない」と決めたときがありました。

オモニ学校（手前右から2番目）

●日本の戸籍制度と結婚制度への疑問

中村　蒔田さんは、在日のパートナーとご結婚されておられますね。

蒔田　1984年と88年に、在日コリアンのパートナーとの間にふたりの娘を産みました。日本の戸籍制度と結婚制度は、日本国籍のある人たちを前提としたものです。彼は韓国籍だから日本の戸籍はない。当時は父系血統主義の国籍法だったから、私に子どものいる形跡は、婚姻届を出してしまうと戸籍にも住民票にもまったくなくなってしまう状態でした。

日本人だけが対象の血統主義の家制度。戸籍はだれのための制度なのだろうと思いました。少なくとも私のためではない。産休や職場の出産祝い金を申請したくとも、私と子どもたちの関係を証明する公文書がないのです。

結婚しなかったら、私の苗字で日本国籍の婚外子になる。彼と結婚すると、その子は韓国籍になり在日3世になる。子どもを日本人として育てるのか、在日コリアンとして育てるのか、選択しなくてはならなくなりました。そのころ、国籍法がもうすぐ変わるという情報もありましたから、迷った末に出産のひと月前に婚姻届を出して、娘を韓国籍にしました。

1985年に国籍法が変わった後に、娘は「経過措置」で日本国籍も取得しました。下の娘のときは、出生届を出すことで日本国籍を取得し、韓国にも届けを出しました。日本でも22歳以降も重国籍が認められる社会を目指して「国際結婚を考える会」は30年来活動していますが、いまだに叶いません。

「国際結婚」でなくても、戸籍はだれかを排除したり差別する以外に使われることはあるのかしら？　親の関係で子どもが差別されたり、いったいだれが必要とする制度なのかと根本的に疑問があります。

中村　実は私の祖父も在日で慶州の出身なのです。母たち姉妹は日本人の祖母の「婚外子」として登録されていて、祖父が日本にいたという形跡は、日本の戸籍にはないのです。20歳のとき、パスポートを取るために戸籍を見て気づき驚きました。日本名で眠るお墓があるだけです。「在日コリアン」の歴史を学び、戸籍、家制度がどのようなものか、考えるきっかけとなりました。

今は、韓国の詩人と詩を通じて交流できるので、幸せな立場をいただいたのだと思っています。

寮生登場

中村　女子寮でインタビューしていると、蒔田さんを慕った学生たちが入れ替わり覗き込んできて楽しいです。大学生ってこんなにかわいかったかな、と思います（笑）。先ほどから、テーブルのお菓子とお茶を一緒にいただいている、寮生の高亜美さん（4回生）にも少しお話を聞いてみましょう。高さんは中学まで朝鮮学校に通っていたのですね。

高　ちょっと前、在日コリアンに対するヘイトスピーチの動画をネットで見たのですけど、在日の子どもたちの前で人々が争うのがいやで。私、もう在日は、在日の権利を主張するのもしんどいって思う。日本で生まれ育って、もう日本人として生きたらよいと思う。

蒔田　亜美ちゃんがヘイトスピーチの動画を見たと聞いたとき、あれだけは見せたくないと心底思ったの。ずっと消えない暴力を受けることだから。亜美ちゃんたちは選挙権もなくて、何代重ねても自分の住んでいるところで使える権利がない。持つべき権利をまだ持っていないということは、否定してはいけないと思う。フェアな関係ではないところに立たされているのだから。日本か韓国かという話ではなく、住民としての「権利をよこせ」って言っていいんだよ。

中村　中国も韓国も、遣唐使や朝鮮通信使を通じて日本が学んできた国なのに、日本で生まれた在日3世、4世の時代になっても、まだ差別している。胸ふさがれる思いです。近代の単一民族国家イデオロギーと、植民地政策で利用された差別感をまだ引きずっている。

蒔田　最近訪ねたドイツの友人は、アイスランド、フランス、ドイツなど、複数のルーツを持ち、住んでいる自治体に選挙権があって住民としての権利がありました。ナニジンかと問われても、ルーツは4つくらいあるけれど……という感じで、日本のように「人権」が血統主義ではない。

高　アイヌも沖縄もまったく別のルーツですよね。日本では、ほかの民族・国籍の血が流れていたら、「クォーター」とか「ハーフ」とか言われるけれど。

中村　世代も立場も超えて、寮でも蒔田学校が繰り広げられているようですね。

生きることを阻むものは、押し返したい

中村　オモニ学校から始まって、国際結婚と戸籍の話もお聴きしました。そのほかに、阪神淡路大震災のときのボランティア、最近では脱原発運動、安保関連法廃止に向けて声をあげておられます。蒔田さんにとっての市民運動や憲法の本質は何ですか。

蒔田　生きることを阻むものは、すべて同じ。押し返したい（笑）。色々なところに走っていってしまうのは、人の命を削るものを押し返すという体の反応です。戦争も原発も次の世代には残したくない。でも私、市民運動ってほんとうは苦手なんです。

中村　べ平連のときから関わっているのに、ですか（笑）。

蒔田　運動のわけ知り顔の言葉ではなくて、生きて暮らす人間の言葉を聴きたい、語りたい。オモニたちの言葉が私にとっての学校で、よりよく生きたいという憲法なのです。

「指紋押捺のとき、指を出すしゅんかん、心はみだれてこうふんします。いやなことをかさね

ることはよくありません」（『オモニ学校 宝のくら』九条オモニ学校発行より）という言葉をオモニが書く。嫌なことを嫌だと言えるようになる。

それまであげられなかった声の重さを思うとき、やっと立ち上がってきたオモニたちの言葉が、人権を守る憲法の言葉に思えて。憲法の主語は、国民ではなくて、〝people〟です。あのときのオモニたちが願ったところには、今の社会はまったく到達できていない。むしろ逆行してしまっている。でも、黙らない。あきらめず押し返しにいきます（笑）。

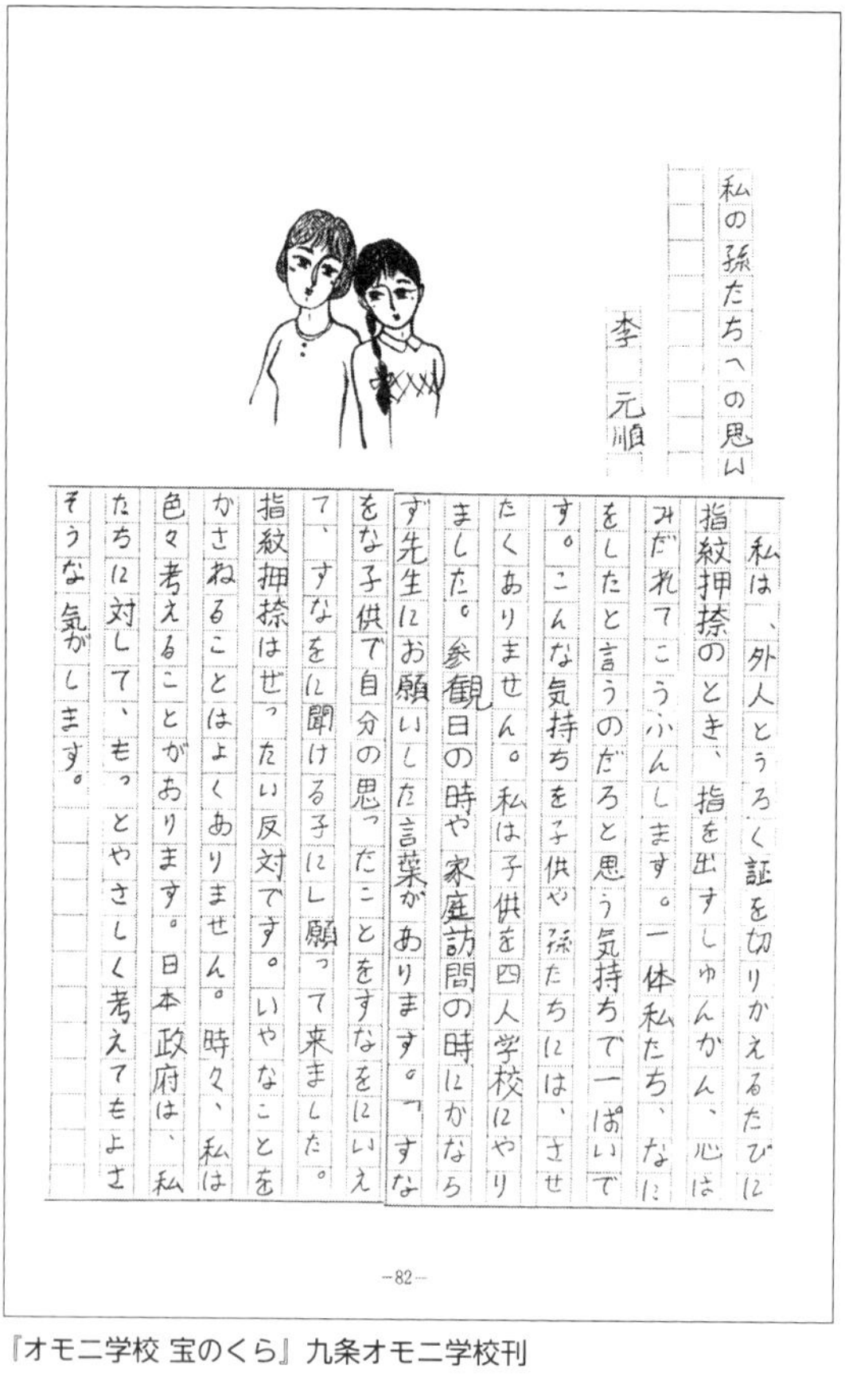

私の孫たちへの思い

李 元順

私は、外人とうろく証を切りかえるたびに指紋押捺のとき、指を出すしゅんかん、心はみだれてこうふんします。一体私たち、なにをしたと言うのだろうと思う気持ちで一ぱいです。こんな気持ちを子供や孫たちには、させたくありません。私は子供を四人学校にやりました。参観日の時や家庭訪問の時にかならず先生にお願いした言葉があります。「すなをな子供で自分の思ったことをすなをにいえて、すなをに聞ける子にと願って来ました。指紋押捺はぜったい反対です。いやなことをかさねることはよくありません。時々、私は色々考えることがあります。日本政府は、私たちに対して、もっとやさしく考えてもよさそうな気がします。

－82－

『オモニ学校 宝のくら』九条オモニ学校刊

本田久美子　元・京都市公立小学校教員／京都教育センター事務局長

「教え子を再び戦争に送らない」京都から全国へ、世界へ拡がる平和の世界語。

「教え子を再び戦場に送らない」――京都から全国へ、世界へ。最後にたどり着いたのがこの方でした。「世の中がおかしくなってきている」と気づいた京都の人たちが、憲法に立ち返り、憲法を語り出すことに驚きを感じてスタートした連載「憲法と京都」。その方たちを育んだ原点に、京都の憲法水脈の源流のひとつとも言える民主教育がありました。

戦後、広島の被爆2世として、母子家庭に育つ

中村　本田さんは、１９５０年生まれの広島原爆の被爆2世で、母子家庭で育ったということです。ご自身やご家族の戦後を、聴かせていただけますか。

本田　私の母は広島の女学校の勤労動員で、宇品港の機関車の掃除をしているときに、8月6日の原爆で被爆いたしました。母は、ずっとこの経験を語りませんでした。母は、機関車の陰にいたので助かったのですが、宇品港からやけどを負ってさまよい歩く人々の叫びを記憶し、弟を原

爆で亡くしました。私の娘が小学校高学年になって、私の母に訊ねたときに、初めて話してくれたのです。

私は父の故郷の群馬で生まれました。しかし、事情があって、母は私たち3人の姉妹を連れ母子家庭になり、山口県の宇部市に来て働かなくてはならなくなりました。私は真ん中で、3つ下の妹と2つ上の姉がいました。

母は、それまで働いたことのない人でしたから、どのように生活しようかと、途方にくれたのではないかな、と思います。最初は家の中で刺繍などの内職の仕事をしていました。

中村　1950年代のお話ですね。母子及び寡婦福祉法は1960年代ですから、母子支援の施策も福祉もまだ不十分だった時代ではないでしょうか。

本田　そうなのです。当時は女性が働く場もないので、母は旅館の中居さんをしたり、店番の仕事をしたり、仕事を転々とします。母が仕事で帰りが遅いと、三人姉妹で夕飯を作って食べました。母のとてつもない苦労を見ていて、私は小学校の高学年のころには、「女性が生活をしていくためには、手に職を持たなくては」と思いました。

女性が手に職というと、当時は洋裁か美容院の美容師。私は手先が器用でしたので、どちらになろうか、

母と三姉妹。中学時代の本田さん（中央）

と考えたことがあります。

中学生のとき、家庭科の先生が、夏休みに作った私の作品を目にとめて「ていねいに作ってありますね」と、褒めてくださいました。それは、刺繍のテーブルクロスでした。先生に褒めていただくのがうれしくて、毎年何を作ろうかと、作品提出を楽しみにしていました。人を褒めてその子が伸びていく、という教師の仕事の力を感じて、それからずっと教師になろうと思ったのです。

高校を卒業して教師になりたいけれど、教員の免許状をもらいたくとも、経済的に普通の短大や大学に行かれない。高校の先生に相談して、夜間二部の短大である奈良県立短期大学に入学しました。短大の近くの紡績会社で昼間は事務で働き、夜に短大で勉強をして、寮で暮らし自活しました。

私にとっての憲法、子どもの権利条約の原点はへき地教育

本田　奈良はへき地が多く、へき地に行く教員が少ないので、県として教員養成所を作っていました。1年で教員免許を渡し、教員をへき地に送りこむのです。時代は高度経済成長で出生率もあがり、教員の数は足りませんでした。

しかし、教員が足りないからと、1年で養成した教員を、へき地に送るというのはおかしい、と思いました。短大から教育学科に編入して勉強しようと思い、京都の佛教大学に編入し「へき地教育研究会」を立ち上げました。京都市左京区の北部山間地域の堰源《えんげん》や丹後地方のへき地に行って、子どもたちと交流しました。実感したのは、子どもの発達に必要な教育は、どこにあっても同じだということです。だから、どこにいても、同じように教育を受ける権利があります。

中村　本田さんにとっての憲法との出会いは、大学のころですか？

本田　もう少し前です。高校か短大のときに、じっくり憲法を読みました。憲法25条に「すべて国民は、健康で文化的な最低限度の生活を営む権利を有する」とあるのに、生存権を保障されていない人たちがたくさんいる。母親の苦労してきた姿や、学ぶために働かなければならない自分の境遇も思い起こし、憲法にはあたりまえのことが書いてあるのに、そうでないのはおかしいではないか、と思ったのです。

大学を卒業する前年の1972年に田中角栄が「日本列島改造論」を掲げました。人が太平洋側に集まり、ほかは日のあたらないへき地で、太平洋ベルト地帯に集中しすぎた工業の地方分散が言われた時期です。国民所得倍増計画（1960年）策定のため、新たな工業地帯を形成し、ベルト上の太平洋沿岸地域全体を工業立地の中核とするというのが、太平洋ベルト地帯構想でした。太平洋側に人口を集中させ、かたや日本海側は過疎地がつくられていく政治のあり方に疑問を感じました。

京都市の教員採用試験に合格したあと、左京区のへき地で子どもたちを教えたいと思いました。左北と左南に教育委員会が区分していたので、左北を希望して、その中では一番南の岩倉の明徳小学校に赴任しました。

教師になってさまざまな子どもに出会って、子どもが育つためには、親の生活も国や地方自治体が守らなければならないのに、そういうことができていない日本はおかしい、と感じました。貧しくて権利が守られていない子どもたち、競争、競争で痛めつけられている子どもたち。子どもたちが成長発達する権利が侵害されている社会の矛盾を見つめながら、34年間の教員生活をさせていただきました。この根底には、子どもの権利条約と憲法があります。「児童が、社会において個人として生活するため十分な準備が整えられるべきであり」という子どもの権利条約は、憲法25条の生存権でもあり、「どの子どもでも、平等に発達する権利がある」という、へき地教育と同じなのです。

京都の憲法・平和・民主教育

中村　「憲法と京都」の連載でお話をうかがってきた方で、京都で子ども時代を過ごした方たちは、小学生のころに原点があるようです。京都の民主教育の原点を、もう少しお話いただけますか。

本田　憲法そのものを学ぶのは小学校6年生の授業です。平和教育については、学年ごとに、夏休みの登校日に、ビデオや絵本を教材として、戦争は二度といけない、という平和教育をしていました。教育委員会で言われたからとか、組合に言われたからではありません。自発的に職場の中で、そういう雰囲気がありました。教員たちで各学年に合った本・教材

修学院小学校で子どもたちと

教員になったばかりの明徳小学校時代

を相談しながら選びました。低学年なら『かわいそうなぞう』などの絵本の読み聞かせをしました。国語の教科書なら『一つの花』というような教材は、本当に大切にして、子どもたちと学びあいました。

中村　先生方も、戦後に日本国憲法が公布されて初めての民主主義の子どもたちだったのですね。京都府が、西の文部省と言われる素晴らしい教育をされていたと、三条ラジオカフェの町田さんに教えていただきました。どのようなものでしたか。

●京都の民主教育「到達度評価」

本田　「どの子もおちこぼれを作らない教育」をするのに、京都府の先生方が「到達度評価」の研究を熱心にされていました。「1から10までの足し算」という課題があれば、どの子もできるようにするために細かく「5までの足し算」「9までの足し算」と細かくわけて、到達したかどうか確認しながらすすみます。全教科で細かな到達度教育目標を設定し、到達度を基準に評価し、基礎学力を徹底して身につけるというものです。京都府の方法が、京都市内の教育にも影響を与え、到達度評価に基づいた教育実践が定着していました。

1987年の教育課程審議会で、当時の文部省学習指導要領改定の中で、観点別評価が導入されました。観点別評価とは、「関心・意欲・態度」「思考・判断」「技能・表現」「知識・理解」という4項目で、評価は絶対評価、つまり「十分満足と判断されるもの」…A、「おおむね満足であると判断されるもの」…B、「努力を要すると判断されるもの」…C、というように評価されます。しかし、これでは、児童生徒がどの部分が不十分だったのかがわからないのです。だから、京都では、観点別評価が導入されても、到達度評価に基づいて、それぞれの子どもに合わせた教育をしました。教員たちが、自分たちで子どもたちに合わせた評価の規準を作っていたのです。これもだんだん難しくなってきましたけれど。

沖縄平和ツアーで、戦争体験を聞く

中村　文部省の言うことは聞かず、京都は先生と子どもとの学びの現場から、教育を作っていたのですね。京都出身の方に東京でお会いして、小学校のとき、教科書は使わず、ガリ版刷りの先生の手作りの教材だったというお話をうかがったことがあります。私は、東京で教科書編集者や私学教員をしていたことがあります。21世紀になってからの公立校の先生たちは、シラバスで教科書のすべての教材を扱わなくてはならない、という自治体もありました。生徒に合わせて教材を作り授業ができるのは、今は私学や教育大学の付属校や公立研究校など以外は、難しくなっているのではないでしょうか。

「教え子を再び戦場に送らない」の時代背景

本田　この言葉は、1951年の朝鮮戦争勃発による再軍備化の時代に始まった日教組の第1回目の教育研究集会のスローガンでした。かつて、軍国主義教育をして教え子を戦場へ送ってしまった教師たちの反省のもとに、憲法と教育基本法のもとに民主教育と平和教育をしていこうという理念です。

一時、このスローガンはもう現代の教育になじまないのでは、という議論もあったのですが、10年前にも、憲法が危なくなっているときに、この言葉をおろすわけにはいかない、という結論となりました。

この言葉は、教師側から発せられた言葉ですが、教師だけでなく、地域、お父さん、お母さんの思いが込められています。今、憲法が不当な解釈で無視され、国民主権をないがしろにされた改憲草案まで提出され、本当に危険な状態になっています。今こそ、この言葉を掲げて、子どもたちの未来と平和を守っていかねばならない。そのような思いで、ひとりの元・教育者だった者として、自治体の首長にも立候補する予定なのです。

若い人たちが「だれの子どもも殺させない」「ママは戦争しないと決めた」と、自分の言葉で話しているように、今、「教え子を再び戦場に送らない」は、新たな言葉として、私たちの前に立ち現われています。「教え子」ってどうなの、という意見もありましたが。

中村　「先生」として生きてこられた実感に支えられた言葉が「教え子」なのですよね。戦争で亡くなった特攻隊の若い人たち、戦地に教え子を送ってしまった亡き教師たち、死者たちの言葉が時空から落ちてきて、私たちの目の前にあり、連帯を求めているようです。「教え子を再び戦場に送らない」という言葉に連なる人たちが、本田先生を選び、時代にとって、必要な方として、立たしめたのだろうと感じます。

本田　今、戦後とは違った形で、貧困問題が深刻です。お金を持っているか持っていないかによって、教育を受けられるか否かが決まってしまうのはおかしい。貧困に陥った層は願った教育を受けられず、その人たちに「自衛隊に入隊したら安定した生活ができる」という勧誘があるのです。

中村　2015年の夏は、安全保障関連法案が強行採決され、集団的自衛権の行使が容認され、海外への自衛隊派遣が検討されています。高校3年生に、自衛隊の入隊勧誘の通知が届き、日本学生支援機構の運営評議会委員が、文科省の有識者会議で「奨学金の返済延滞者は防衛省のインターンシップをやってもらえば」と発言しました。[1] まさに経済的徴兵の発想です。

自民党の改憲草案を読んで驚きました。まず、「主権在民」が、「天皇元首」に変更されています。憲法は、国民が為政者を縛るものだったはずが、「公共」が国民ではなく、為政者のものになり、公教育では禁止されていた宗教教育の導入をにおわせる文言があり、先の戦争での神道など宗教利用の気配を感じます。道徳教育の教科化、「公共」という教科の新設にも、意図された全体主義があります。

本田　自民党改憲草案は国民主権を崩すもので、だれのための憲法なのかという前提が、そもそも崩されているのですね。この憲法が崩されると、今まで培ってきた子どものための民主教育が、すべて為政者のものになってしまいます。

1　山本太郎事務所調べ。経済同友会・前副代表幹事の前原金一氏。奨学金の貸付を主たる事業とする「日本学生支援機構」の運営評議会委員。「学生への経済的支援の在り方に関する検討会」で「返還の滞納者が誰なのか教えてほしい…（中略）防衛省などに頼み1年とか2年とかインターンシップをやってもらえば就職は良くなる。防衛省は考えてもいいと言っている」と発言していた。（文科省議事録）

京都の暮らしの中を歩いて

本田　私は着物を着るようになって、染め物屋さんを見せていただいたりするのですが、友禅染の職人さんたちも高齢者が多くなりました。工賃が安い、後継者がいないと、外国産が入り、大手企業も参入しています。職人さんが手をかけて作ってきたものを遺していかねばならないのでは、という思いがあります。

先日うかがったのは、染めの色補正をする職人さんのところでした。昔お母さんが着ていた着物に染みがあったら、補正し、色あせたものに色を足して、新しいものとして長く使えるようにするのです。その色合わせがすばらしくて、「色彩学を学んでいらっしゃるんですか」と訊いたのですが、そうではない。経験なんですよね。外国から入ってきた製品は安価でも、すぐだめになって捨てられてしまう。時を経て昔から使われているものは良いものなので、ずっと使うことができるのです。10年、15年目の若い職人さんに出会えて、「その仕事をすることが楽しい」、とおっしゃっていらしたのが、私うれしくて。こういう人こそ、継承者としてずっと育てていかねば、と思いました。

中村　京都では、大事に重ねてきた仕事そのものが文化なのですね。

本田　京都の町には、まだ商店街が残っています。みなさん40年、50年しておられる。あるお魚屋さんは40年もしておられますが、「お魚を冷やす冷蔵庫が壊れたら、借金して冷蔵庫を買う余裕はないので、もうやめなくてはならない」とおっしゃっていました。

近所のお年寄りがお惣菜やお魚を買いにきて、地域の人が、そのお店とともに暮らしているのです。大手スーパーができたら、街中の商店がどんどんなくなって、高齢者も近所で買い物をする場がなくなって、外に出なくなってしまいます。これは各地方で経験されていることです。地域の方が営むお店が、京都にはまだたくさんあります。店の前を子どもやお年寄りが通ったときに、声をかけてくれる。そのようにして互いが街を作っているのです。

中村 何十年も、市井の方たちがまっとうに紡いできた仕事や文化をお金で買い叩くような、荒々しい大資本の流れが京都にも入ってきています。街の中で役割を得て、真面目に暮らしを営んできた人たちの仕事が成り立たなくなり、京都が切り売りされたら、何か涙がでそうです。

本田 昔からのものを大事にして培ってきたこと、食文化もモノをつくるという文化も、京都のお寺や景観を守っていくということと一致しているのです。京都はただの観光地ではなくて、門前町があって、お寺を支える仕事があって、京町衆、職人、生産者という生活者がいる。お煎餅ひとつでも、長く作っておられる方がいて、その形も匂いも、そのお店の文化です。それがおいしいからまた買いにくる街の人たちがいる。そのようにして、心と言葉を通わせあいながら、京都は街と仕事と人を育んできたのです。京都の人々には、文化や教育や暮らしを生み出す力があります。今、京都の文化経済と中小企業や個人事業主を守る正念場だと思っています。一度喪われたら、もう取り戻せないのですから。

中村 京都は、世界に愛されてやまない街です。風景ひとつとっても、このように桜の美しいところはほかにはありません。このように美しい歌がたくさん詠まれた都市もほかにはありません。市民が京都に誇りを持ち、根こそぎ喪われる前に、自分たちで作ってこられた文化や教育や街、暮らしをいれてきた憲法に気づいてほしいです。

本田　かつての蜷川京都府知事が[2]、28年間「憲法を暮らしの中に生かそう」[3]というスローガンを掲げてこられたことは、大きいと思います。憲法は私たちの上にあるのではなく、暮らしの中にあります。最初に憲法を読んだとき、人間として当たり前のこと、当たり前に健康で文化的に生きられる社会が描かれていると思いました。今、行政として、この当たり前の権利を実現することが求められているのではないかと思うのです。

「いま憲法市長」――京都から全国へ、そして世界へ

中村　本田さんは、2016年2月の京都市長選挙に、「いま憲法市長」という言葉を掲げて立候補を決意されました。地方自治体から憲法を語るということの大切さを、たくさんお聴かせいただいたように思います。

本田　暮らしの中に憲法があります。暮らしや教育の中から平和を育んでいきます。京都から日本へ、世界へ。平和の思想としての憲法と平和を発信していきたいのです。戦争法（安保関連法）とその具現化には命がけで反対します。全国の心ある知事、市長、町長、村長のみなさんに、日本に平和な自治体を作っていきましょうと「全国平和首長懇談会」の呼びかけをしたいです。

2　蜷川虎三。1950年以来7期28年府知事を務めた。
3　「憲法を暮らしの中に生かそう」の垂れ幕は京都府庁に掲げられ、護憲を地方自治体として主張し続けた。

あとがきにかえて

戦争をしないと決めた国のこどもたちに

中村　純

あなたの産まれた日
戦争をしないと決めた国の赤ちゃんに
平和憲法の「憲」を名付けた
わたしたちは平和を引き継いだ
あたえられるものは　ほかにない
あなたの手には
武器やナイフでなく　花をあげる
やわらかな耳には　ヘイトスピーチでなく
詩と歌を聴かせてあげる
ヘイトスピーチより
友の国のことばをべんきょうしよう
涙がでそうなときは
あなたの柔らかな手をとって
空を見上げていたい

「せんそうしない」
「憲」が5歳のとき、コドモデモを一緒に歩きました

編著者略歴

中村純（なかむら・じゅん）

詩人・編集者・ライター。東京で出版社勤務・教員を経て2012年より京都。著書に詩集『草の家』・『海の家族』（土曜美術社出版販売）、詩集『はだかんぼ』・エッセイ集『いのちの源流』（コールサック社）。2005年、詩と思想新人賞・横浜詩人会賞受賞。京都新聞夕刊に「現代のことば」連載中。

本書は、「週刊通販生活®」（「通販生活®」のWEB版 https://www.cataloghouse.co.jp/）【読み物】、連続インタビュー企画「憲法と京都」を再編集、加筆しました。
本田久美子さん分書下ろし（p.123 ~ 134）

本文組版／装丁：加門啓子（クリエイツかもがわ）

憲法と京都
京都の15人が、憲法を語り行動する

2016年1月20日　第1刷発行

編　著　　中村純
発行者　　竹村 正治
発行所　　株式会社 かもがわ出版
〒602-8119　京都市上京区堀川通出水西入
TEL 075-432-2868　　FAX 075-432-2869
振替 01010-5-12436
http://www.kamogawa.co.jp

印刷所　　シナノ書籍印刷株式会社

ISBN978-4-7803-0817-4　C0036
Printed in JAPAN
JASRAC 出1513779-501